i

imaginist

想象另一种可能

理
想
国
imaginist

杀死一座城市

缙绅化、不平等与街区中的战斗

Peter Moskowitz

HOW TO KILL A CITY:
Gentrification,
Inequality,
and the Fight for the Neighborhood

[美] 彼得 · 莫斯科维茨 著　　吴比娜 赖彦如 译

山西出版传媒集团

山西教育出版社

图书在版编目(CIP)数据

杀死一座城市：缙绅化、不平等与街区中的战斗 /
(美) 彼得·莫斯科维茨著；吴比娜, 赖彦如译 . ﹣﹣ 太原：
山西教育出版社，2022.7

ISBN 978-7-5703-2507-8

Ⅰ . ①杀… Ⅱ . ①彼… ②吴… ③赖… Ⅲ . ①城市—
社区—研究—美国 Ⅳ . ① D771.283

中国版本图书馆 CIP 数据核字 (2022) 第 092843 号

杀死一座城市：缙绅化、不平等与街区中的战斗
SHASI YIZUO CHENGSHI: JINSHEN HUA、BUPINGDENG YU JIEQU ZHONG DE ZHANDOU

[美] 彼得·莫斯科维茨 / 著
吴比娜 赖彦如 / 译

出 版 人 李 飞
责任编辑 许亚星
特邀编辑 闫柳君
复 审 霍 彪
终 审 李梦燕
装帧设计 陆智昌
出版发行 山西出版传媒集团·山西教育出版社
（地址：太原市水西门街馒头巷7号 电话：0351-4729801 邮编：030002）
印 刷 山东韵杰文化科技有限公司
开 本 880 mm × 1230 mm 32开
印 张 8.875
字 数 198千
版 次 2022年7月第1版 2022年7月第1次印刷
书 号 ISBN 978-7-5703-2507-8
定 价 48.00元
如有印装质量问题，影响阅读，请与印刷厂联系调换。电话：0534-2671216。

献给我的祖母，
她带我认识了纽约

目 录

1

引　言

　　当我大学毕业回到纽约，我发现我自己同时属于两种族群：被驱逐的弱势人群，以及驱逐别人的中上阶层精英。我在纽约西村（West Village）长大，离著名的记者和社会运动者简·雅各布斯（Jane Jacobs）在 1961 年写下城市巨著——《美国大城市的死与生》（*The Death and Life of Great American Cities*）的地方，只有几街之遥。简·雅各布斯在四百页的篇幅里，探讨纽约西村的魅力从何而来——那小而有变化的街道景观，多样化职业、阶级与种族的居民，文化上的多样流派。简·雅各布斯认为，美国的每个城市都应该借鉴西村，借由创造小店家而非大卖场，以小型街道取代大条马路，鼓励多种尺度的公寓和住宅形态，而非大型的集合建案。

　　但当我从大学回来，西村跟简·雅各布斯笔下自由平等的乐园已大不相同。过去我家至少每周会订一次的外卖中国餐厅已经关门，取而代之的是一家银行。我最喜欢的比萨小店变成了高级食品店。我哥哥高中打工的录像带店，变成每次只展售几件昂贵单品的精品服饰店（那家店倒了以后，接着开了一家专卖精致木制品的儿童玩具店）。离我父母家几条街距离的克里斯多福街（Christopher Street），曾经以同志氛围闻名全美，如今已成为一个有警察巡逻的昂贵区域，变得平淡无奇。周边街廓原本中等人家的住屋，变成了高昂的房产。布里克街（Bleecker Street）一度沿街都是古董小店，现在已经被一些大的连锁品牌取代。

如今，那些充满我儿时回忆的建筑中，矗立的是我们闻所未闻的财富象征。与我父母家一街之隔，明星建筑师理查德·迈尔（Richard Meier）设计的三栋玻璃大楼拔地而起，高不可攀。在我旧居的对面，一个原本由艺术家经营的旧仓库工作室，上面加建了一栋粉红色的公寓，被重新命名为"朱璧宫"（Palazzo Chupi）[1]，2008 年开放出售时，每间公寓的售价高达 2500 万美金。

我父母住的大楼也不一样了。每个月都会有一户公寓翻新改建。剧作家、艺术家和中等收入的上班族正在搬走，取而代之的是对老住户怀有敌意的银行家和商人。人们进出不再为彼此拉住大门，在电梯里不再互相打招呼。我不再认识我们的邻居，开始对大楼里经过的每个人面无表情。那种社区感——西村之所以让我和父母觉得有家的感觉，50 年前给简·雅各布斯带来灵感的魅力，已经消失了。

从 1961 年到现在，或者说，从 1980 年代我父母开始搬到这个小区到现在，到底发生了什么？简·雅各布斯所描述的西村已不复存在，而新的西村看起来像是旧西村的游乐园版。好多人都走了，因为负担不起涨到天价的房租而被迫搬走。现在西村一间普通单间公寓的月租大约是 4000 美元 [2]。如果你在工作日走过西村绿树成荫的安静街道，你至少会看到好几个工地，工人正在把之前原本可供多个家庭居住的房屋，改建成巨大的豪宅。2014 年 9 月，一家得克萨斯州油业的女继承人将她面积 3657 平方米、"如堡垒"般的联排别墅，以 4250 万美金的天价，出售给一名匿名买主 [3]，这栋别墅就坐落在简·雅各布斯之前居所的不远处。简·雅各布斯原本的小屋子现在是一家房地产公司的办公室。西村也不再像以往那么族裔多元了——现在有 90% 的居民是白人。在曼哈顿地区，西村的居民族群多元性上只比上东区（Upper East Side）好一点 [4]。

　　对于像西村这样的改变，纽约人一般会抱怨这样的小区"不酷"了。但对简·雅各布斯来说，像西村这样的地方不只是酷而已，它们的存在证明城市可以不需政府干预而自我运转，无须太多外力帮助就可达到平衡。简·雅各布斯提出：这些小店家、吸引艺术家和作家的便宜租金、长短不一的街廓，以及多用途混合的分区政策，让西村的街道成为观看人来人往的好地方，也让社区成为一个亲密的系统。店家不只是经营者，他们也是无形的警力，帮助维护治安，确保单独上学的孩子平安到达。一个友善行人的街廓不只是一个散步的好地方，也能为陌生人提供互动的空间，互相激发新的想法，发现新的命运。多样性的建筑，从高级华厦到旧出租屋，意味着一群多样的人可以负担不同的租金从而入住同一个社区，不会因为收入多寡、族裔背景而被区隔。

一度昭示着多元平等最佳楷模的西村，如今变成全美最昂贵、纽约族群最单一的社区，这对美国城市的未来来说意味着什么？而那些被迫离开这个新的西村的人们，他们又怎样了呢？

当我决定搬回纽约时，我知道西村已经贵到无法入住，所以我开始在别处寻找，很快我就发现，对于一个年轻记者来说，曼哈顿的单间公寓还是太贵，所以我开始往外围的市镇找。有一年的时间，我跟我的男友住在皇后区的艾斯托利亚（Astoria），然后是布鲁克林区的贝德福德－斯泰弗森特（Bedford–Stuyvesant），然后是威廉斯堡（Wiilamsburg）和布什维克（Bushwick）。

每一处我都感觉到类似的事情正在发生，只不过我身处的是角色的另一方。同一个小区里，好像有两个世界在彼此推挤——一边是我和朋友会去的商店、酒吧、餐厅，另外一边是当地更早的老居民会去的店。我看到我的新邻居们脸上皱眉的表情，我想象他们的感觉，和我父母在西村看到新面孔时一定很像。

一开始这些变化看起来新奇而古怪，我难以判断到底发生了什么事。事物在改变，关系在紧张，但却难以具体描述。往布鲁克林区深处搬迁的白人朋友尽管略感不安，但却也没有其他选择。我知道发生在纽约的事只是冰山一角，只要看看路边街廓每年的变化你就能感觉到它无所不在。但这些事却没有言语可描述。渐渐地，当人们抱怨新纽约的改变时，有个词开始在报章杂志、脸书（facebook）、酒吧闲谈里流传：缙绅化（gentrification）。

到了 2010 年，每个人都听过这个词，没有人有办法精准地定义它，但这个词却足以描述所发生的事：老居民搬走、在地文化消失、财富和白人开始涌入纽约小区。我看到的景象和听到的一手、二手故事开始形成一个完整的画面：朋友们离开纽约，搬到奥斯汀、费城或洛杉矶；小区里倒闭的杂货店和洗衣店，取而代之的银行、搬入的新邻居；在募款平台上人们寻找租屋的法律协助、租金协助，这都是缙绅化这个词所描述的现象。

某种程度上，我也是这种变化的受害者，我长大的小区贵得让我必须搬走，但我知道自己的处境也还算不错，在布什维克或者贝德－斯泰弗走一圈就知道，从一个街廓到另一个，看到那些正在翻新的老旧残破的公寓楼，看到它们封死的窗户和前门售出的招牌，我知道这意味着老居民被逐出了。对纽约的穷人来说，缙绅化不是一种社区特质无形的改变，而是他们真切面对的群体驱逐、金权暴力，还有悠久在地文化的铲除。

但我看到所有缙绅化的报道都在关注社区里的新兴事物——高级的比萨店、咖啡店、嬉皮士的潮店。就某方面来说这很合理，你很难报道一个空洞，一些已经消失的事物。报道新的比那些被移除的东西容易多了。但终归来说，这就是缙绅化：

一个社区、城市、文化上的空洞。某方面来说，缙绅化像一个伤口，一个由流入城市的大量资本所引发的破坏而造成的创伤。

如果我也在缙绅化的共犯结构下，我想要知道，到底发生了什么。

*　*　*

当你认知到这个问题的广泛，你会发现缙绅化不只是一种时尚或潮流。嬉皮士和雅皮士们比起被他们驱离的老居民财力更强，但个别的行动者没有能力控制房屋市场，凭一己之力改变城市。住在布鲁克林区喝有机咖啡的平面设计师跟来自旧金山喜欢喝发酵茶的多媒体艺术家并没有合谋，缙绅化也无法由个别投资者行为来解释：在新奥尔良拥有五栋房子的房东跟底特律的公寓主并没有彼此商量策略。缙绅化下有胜利者也有受害者，双方都在同一场游戏里，尽管他们都不是游戏的设计者。美国各个经济、人口和地理上差异甚大的城市——纳什维尔、迈阿密、路易斯维尔、奥斯汀、克利夫兰、费城、洛杉矶，都在经历缙绅化，这并非巧合。

缙绅化不是由个人的行动造成，它立基于美国数十年来种族歧视房屋政策下的系统性暴力，否定有色人种，特别是黑人跟美国白人一样取得房屋、获得同等财富地位的权利。如果不是因为根深蒂固的不平等，缙绅化无法发生，如果我们都是平等的，就不会有驱逐别人的精英，也不会有被驱逐的弱势群体，不会有坏人和受害者。我们关注财富创造与扩张更胜于人民福祉的政治系统（我称此为新自由主义），也无可避免地导致了缙绅化。当联邦政府对于房屋、交通、各种公共服务的投入减少，美国城市被迫依赖本身税收去负担基础服务，而城市的税基越高，就越容易支付这些服务，这意味着城市会积极吸引有钱人，将穷人推开（这是城市的财政缺口），而这些年来大多数城市似乎更加倾向于后者。

不同的城市有不同缙绅化的方式，但发生的过程都毫无例外，可以被准确预测，早在1979年，麻省理工学院都市研究的教授菲利普·克莱（Phillip Clay）就提出了缙绅化的四个阶段：第一个阶段，一些"先锋者"搬进小区，开始置换原居民，之后引动更多人开始跟进。房地产公司、连锁店等企业随之看到商机，成为缙绅化主力。这些企业并非蓄意谋划，只是企业的购买力远远超出个人，缙绅化无可避免地令社区落入企业的控制。在克莱分析的最后阶段，力量完全由上而下，只剩有力的大财团和政商同盟才能改变已经缙绅化的地方。我想要提出的是，在这些阶段之前，有一个先期的阶段：第零期，政府当局通过土地分区、税收减免、品牌营销等一系列政策，为城市的缙绅化铺路搭桥。这个准备期一般很少被注意或被讨论，因为在人们亲眼看到缙绅化的事实之前，经历了长时间的酝酿。但要了解缙绅化，这个阶段是很重要的。

在新奥尔良，所谓的零期是卡特琳娜飓风。这个城市利用飓风破坏贫穷和黑人小区的机会，吸引白人住民和投资来到城市。早在卡特琳娜之前，新奥尔良的缙绅化就已经发生，但飓风把情况推向高峰，从 2000 年到 2010 年，在城市最时尚的滨水区（Bywater），黑人人口已经减少了 64%[5]。我们无法确知这样的变化有多少发生在 2005 年卡特琳娜之后，因为没有飓风后直接的数据，但多数专家同意主要的人口变化是在卡特琳娜之后发生。在新奥尔良，人口的改变已超过十年之久，也因此成为一个研究缙绅化的最佳起点：飓风和灾后城市的改变，可以让我们从头到尾了解缙绅化的过程。

在底特律，零期发生在 2013 年市政府宣布破产的时候，这促使市政府在衰退的产业中另觅财源。底特律缩减对穷人的服务，花了上亿去吸引拥有财富的精英。对于一个人口只剩下过往三分之一到二分之一的城市，你也许不认为缙绅化是什么问题。但在底特律，城市却以特异的方式正负消长，在市中心、中城（Midtown）、考克城（Corktown）小区，由于财团在基础建设和房地产开发上投入巨量的资金，看起来欣欣向荣，但城市的其他地区则岌岌可危。上述三个地区的房租每年上涨10%[6]，有些建筑每平方英尺的租金高达两美元，比几年前的价格高出 60%。

多数人认为纽约缙绅化的零期发生在 1970 到 1980 年间，当时城市因为产业缩减和"白人迁移"，差点面临破产。但实际上，纽约的政策制定者早在一百年前，就开始致力于打造一个属于富人的、以房地产为核心的、反工业化的纽约。某种程度来说，这代表纽约的规划者做得不错，他们预见到了新的、消费主义至上的美国城市经济潮流，为了确保取得领先，他们为金融和房地产资本进驻纽约铺路。他们清除了城市旧的制造业，过去这些产业曾为穷人和中产阶级的居民提供就业机会，负担住宅。虽然有远见的纽约规划者有机会将城市改造得更平等，他们却志不在此，有金融机构和房地产资本的撑腰，他们的目标摆明了是要填满赞助者的口袋。纽约超过数十年的缙绅化历史已经带来最糟的结果：房租高到除了最有钱的人以外，没有人可以负担。

旧金山则与众不同——它没有经历重大的经济危机，可以像其他三个城市那般以调整政策作为借口。它没有那么多老旧制造业要清除，让布尔乔亚式的、消费主义的新经济得以容身。相反的，蓬勃发展的高科技产业涌进城市（通过政府的支持），快速改变了周遭的一切。淘金热似的经济迫使旧金山快速而全面地启动缙绅化，旧金山湾区让我们一窥缙绅化经济的未来，了解当穷人在城市里没有容身之处时，他们应该怎么办。在湾区，答案是他们搬到郊区，面临更稀少的工作机会、大众交通、小区服务。在全美各地，特别是在纽约和旧金山湾区，郊区都因搬入的居民而人口增加，郊区人口的贫穷比例，几十年来上升得跟内城一样高[7]，到 2000 年，已经超过了市区的贫穷人口比例。

缙绅化是 20 世纪后期席卷改变城市最重要的现象，但我们往往只是在细节层面去讨论它。每个礼拜都有一些关于"下一个布鲁克林""下一个威廉斯堡"的文章，"嬉皮士"（hipster）成为描述城市重大改变的缩写。2011 年，"美国的嬉皮士化"[8]

登上了国家公共广播频道的头条标题。《纽约时报》的 *T* 杂志有一篇《布鲁克林：一个时尚品牌》[9]，详细描述了世界各地"布鲁克林化"的现象。因为太过滥用"布鲁克林化"这样的描述，编辑菲利普·科比特（Philip B. Corbett）甚至在 2010 年惩处了新闻室对"嬉皮士"一词的过度使用[10]，并且在 2014 年，禁止将"布鲁克林化"随意套用在各处 [11]。

有关缙绅化的嬉皮士论述不算完全错误——年轻人搬进都市里，开精酿啤酒店、穿紧身瑜伽服，但这样浅薄的描述会造成误导。当你只是通过报纸杂志来了解缙绅化，你会以为缙绅化是由千百个想要开咖啡厅、办精品店、留八字胡、买黑胶唱片的人所造成，由他们个人意愿所加总。但这些是缙绅化的征兆，不是成因。

地理学家尼尔·史密斯（Neil Smith）在他里程碑式的著作《新城市前沿：士绅化与恢复失地运动者之城》(*The New Urban Frontier: Gentrification and the Revanchist City*) 中写道："如果缙绅化可被文化和消费者偏好所解释，那么这就意味着个人偏好在全国甚至国际间都发生了一致的变化，或者有什么外力强行抹平了个人的偏好选择。如果后者为真，那么所谓消费者偏好的概念根本就是自欺欺人。"[12] 换句话说，缙绅化不是偶然或意外，缙绅化是一个重视资本需求（包括城市财务跟房地产利益）甚过人民需求的系统。

用个人层次来讨论缙绅化，因为那是我们每日生活的经验——房租神秘地上涨了，艺廊开门了，嬉皮士出现了。但在每个缙绅化的城市，总有一些不为人知的事件发生，先于这些街道景观的改变。造成城市缙绅化的政策是在房地产大亨的办公室和市政府的会议厅里成形，咖啡店只是露出的冰山一角。

如果我们希望逆转这个过程——希望在城市改变的过程中，低收入的人能留下来，建造我们城市的劳工不用被迫迁移到城市的边缘，推向交通不便、设施不足的地区，我们就必须了解实际发生了什么。

我在本书中选了四个城市书写——新奥尔良、底特律、旧金山和纽约。每个城市都对大众媒体报道下的缙绅化，在各层面提出有力的反证——缙绅化不只是文化和消费者选择的结果。这四个城市都制定了具体的政策，使城市更有利于资本的累积而不利于穷人生存。新奥尔良、底特律、旧金山、纽约的缙绅化不是百万名消费者的选择，而是因为几百个官员、政治家、企业家的私心。通过指认这些关键作用者，我希望能清楚地呈现缙绅化不是不可避免的，它是可能被阻止的，或至少可被控制的。

当我们把缙绅化想成是某种神秘的过程，我们只能接受它的结果：无数个家庭被迫搬走，文化被摧毁，每个人的经济生活更加窘迫。我希望这本书可以平衡我们对美国都市未来的无力感，帮助读者认知到城市是由强大的利益所形塑，通过指认这些特殊利益，我们可以用我们自己的设计，去重新塑造城市。

第一部

新奥尔良

第 1 章

挣扎

要认识新奥尔良，你要知道新奥尔良的小区跟其他地方都不一样。在别的城市，富人和穷人住在不同的区域——高速公路、铁道，种族歧视的规划者所设置的各种障碍物，确保城市的富有和贫穷区域彼此分隔。在这里，密西西比河的洪水一直是个威胁，富人住在高地，穷人住在低地，这使新奥尔良的不平等地形交错混乱。

数十年来，在高地街廓上的豪宅——圣查尔斯大道（St. Charles）、梅格辛街（Magazine）、滨海街（Esplanade）背后，低地上藏着新奥尔良劳工阶级住的残破独栋房屋。搭着古色古香街车、沿着圣查尔斯大道漫游的观光客，赞叹坐落于精致草坪上占地达 1200 平的百年豪宅，不会知道往大道北端走 50 英尺，他们就会看到一个远不同于观光手册和好莱坞呈现的新奥尔良。你可以开车、走路、骑自行车、搭街车从法国街（Frenchmen

Street）经过游乐园化的法国区（French Quarter），沿着梅格辛街、圣查尔斯大道一路漫游，却永远不会意识到在这些街道之外，居住着被这个城市长久遗忘的人民。

这些小区，藏在我们一般想象的新奥尔良之后，贫穷但充满文化与社区感。特雷姆区(Treme)、滨水区、中市区(Mid-City)、中央市区（Central City）、上九区（Upper Ninth Ward）和下九区（Lower Ninth Ward）、卡罗尔顿区（Carrollton）是多数新奥尔良人——音乐家、街上游行的表演者、擦旅馆栏杆的清洁人员——住的地方。

但缙绅化挑战了这样的地理疆界，有钱的人不再满足于城市的高地，开始突破他们原本的堡垒。几乎每个邻近密西西比河的小区，在 2000 年到 2010 年间白人人口都有增加。这些小区——法国区、中央商业区（Central Business District）、滨水区、玛格尼区（Marigny）、花园区（Garden District）、爱尔兰区（Irish Channel）和上城区的一部分，数十年来创造了城市里状似茶壶的白人人口分布图。但 2000 年到 2010 年间，杜兰大学的地理学者理查德·坎帕内拉（Richard Campanella）发现，这个茶壶不但形状在扩大，内在也逐渐"变白"[1]，在每条街都可以看到这样的趋势，新的潮流象征咖啡店、精品店、艺廊开始大放异彩，尽管很多房屋在卡特琳娜飓风后还残破待修。

城市在庆祝重生，但几乎没有一位当权者——市长、州长、市议员关心还没回到城市的上万名黑人。当我访问在飓风后离开新奥尔良的非裔美国人，他们告诉我他们害怕回去，那感觉上已是个不同的地方，不再属于他们。某种程度上他们是对的。

全国性报纸和杂志开始重新关注新奥尔良，用《纽约时报》的话来说，"以新的眼睛和耳朵"[2]去感受这城市。他们不厌其烦地描绘新的新奥尔良，以几乎全是白人的艺术家、演员、音乐家、厨师所居住的小区为对象。根据这些报道，新奥尔良充满了迷人的享乐主义，等待着被发掘。"在新奥尔良，成功的定义取决于你有多疯狂。"[3]一位音乐家这么告诉《纽约时报》。"但这个城市还不像洛杉矶或纽约那么时尚，"[4]一名女演员说道，"新奥尔良还不够大都会，在这里买不到羽衣甘蓝。"

贫穷和死亡的陈述，逐渐被浴火重生的说法所取代，新奥尔良要重新出发了。政府官员和改革的支持者发动公关战，想要让世界和城市居民相信，随着新市民、新餐馆、被冠以新名字的旧街道和旧小区〔有时候只是在旧名前冠上一个"新"字，像是"新法瑞特街"（new Freret Street）、"新玛格尼街"（new Marigny）〕的繁荣，新奥尔良在卡特琳娜飓风过去十年之后终于恢复旧观了——从让城市人口流失过半的破坏和经济瓦解中恢复。

认真来说，经济开始好转，人口正在恢复到飓风前的数字，但是"恢复旧观"的说法是错误的，因为现在的居民大部分已不是飓风前住在这里的同一批人。因为人为疏失，一场移动缓慢但威力相对较弱的飓风摧毁了新奥尔良，造成一半以上的人口流失[5]，大约 25.4 万人出走逃难。当它重建完毕，却与以往完全不同:新奥尔良过去有 67% 的黑人人口,白人只占四分之一,根据 2010 年的普查数据，现在白人占到人口总数的 30%，而黑人没有以同样的比例恢复，只占到总人口数的 60%。这样的改变——从 67% 到 60% 看起来也许不多，但如果你看到数字，人口的损失是显著的：到 2010 年，白人人口已快回到飓风之前的数字 [6]，而今日还有将近十万名黑人，再也没有回到新奥尔良。

城市的意图是很明显的，政府官员在媒体上巡回庆祝飓风十年之后城市的重生，地方政府（包括联邦和州政府单位）已停止追踪甚至谈论流浪在外的人口。通过有限的研究 [7]，我们知道有上万人还寄居流浪在休斯敦和其他得州城市，有些人搬到路易斯安那的小镇，或是犹他州、纽约州等遥远的地方，只有新奥尔良的黑人社群至今仍记挂着这些消失的人。

我曾经听过人们以"殖民""侵占""种族灭绝"来形容卡特琳娜之后发生的事。对外人来说也许太过戏剧化，但你该如何形容一组，在实际效果上，或者甚至在意图上是剔除一个小城市中黑人的政策呢？你又该如何形容一组鼓励白人和有钱人取代这些流失黑人的政策呢？这些臆测也许像是阴谋论，但在飓风后的地方报纸，就明明白白地记录了政治家和生意人的看法，他们群起反对旧新奥尔良，看似欢欣鼓舞地迎接新时代。"这次飓风是千载难逢的机会" [8]，州长凯瑟琳·布兰科（Kathleen Blanco）在飓风后几个礼拜说道，"我们不能让机会就这样流逝。"

除了缙绅化的野心企图之外，还有什么能够形容这场由政府领袖、政治家、商业利益主导的行动，如一位房地产巨头所形容的——彻底改变整个城市的"人口、地理、政治版图"？

对许多被驱离的黑人来说，卡特琳娜使他们身无长物，感到城市对他们的处境袖手旁观，甚至刻意劝阻他们回家，"殖民""侵占""种族灭绝"这些字眼，对他们来讲并不是危言耸听，而是真实发生的事。

* * *

我来到新奥尔良后第一个说话的人，是我在圣托马斯（St. Thomas）一带租房子的女房东。我随口说这个地区看起来很不错，她答道："感谢老天带来卡特琳娜，终于把这里清理干净了。"

后来发现我住的那条街，正是城市改变最剧烈的一区。我在新奥尔良遇到的人都搞不清楚我住的到底是属于哪个小区。白人会认为它是爱尔兰区或下花园区（Lower Garden District），而对新奥尔良的非裔美国人来说，它还是圣托马斯——以一处在 2000 年代初期开始拆除的社会住宅命名。拆迁行动在卡特琳娜之后开始加快，让上千名低收入的非裔美国人流离失所。这些社会住宅之后则被私人、混合制收入的住宅开发取而代之，拥有者是新奥尔良最大的房地产商普雷斯·卡巴科弗（Pres Kabacoff）。

我到新奥尔良不久后就遇到阿莎娜·比加尔（Ashana Bigard），当地所剩无几的老居民之一，40 岁，从事教育与服刑人平权的社运工作，在重新开发的圣托马斯勉强有立足之地。但就像很多留在这里的人一样，她正抓着绳子的尾端勉力支撑，根据她自己的说法，她已经跟新的新奥尔良格格不入了。

"我一点特色也没有，"她说，"我是本地人，我是黑人，我有小孩，我很无趣。"

对比加尔来说，这个地区仍是圣托马斯，而不是爱尔兰区、下花园区或是什么别的地方，她答应带我走走，看看这个地方改变了多少。

我在新圣托马斯住宅区——现在被改名为河滨花园的小区接她，她与两个小孩一起住在那里。新的建筑风格跟周遭环境颇不协调，过去圣托马斯是传统的社会住宅——多层砖造建筑，以绿地庭院包围，但它营建和维护得不差，卡特琳娜对它并没造成很大的破坏，但新奥尔良市政府却还是将它夷平，换成上百栋粉色系联排房屋，沿着弧形的街道排开，四周被空旷、无人、充满驻警的绿地所包围，侧边有一家郊区典型的沃尔玛超市（Walmart）。如果没有一端阻挡密西西比河水的水泥堤防，另一端华丽的梅格辛街，你会恍然以为自己并非在新奥尔良。

比加尔在卡特琳娜之后就辛苦地谋求温饱。过去五年她无法找到稳定的非营利组织工作，即便她在教育和服刑犯人权领域已有将近二十年的经验。现在她年过四十，她试着扩展边界，多方取得收入。有时候她在花园区新的昂贵餐厅担任女侍，有时非营利组织会花几百元请她当顾问，但多半它们都只愿意让她做义工。比加尔最新的兼职是为科技和非营利工作者的共享办公室做中介。这家办公室在一栋新整修的建筑，坐落在奥莉萨堡哈利大道（Oretha Castle Haley Boulevard），以种族平等大会领导新奥尔良分会的人权斗士命名，如今这里是缙绅化最厉害的地区。

我们沿着新奥尔良坑坑洞洞的街道行驶，开过圣托马斯和旧的花园区，到达哈利地区一个名叫中央城市的小区，这里已经开始展露所有缙绅化小区中期的常见征兆：新的跃层建筑、两间新的小博物馆、一间咖啡店、一个表演艺术和放映空间、一家拳击健身馆，还有一间高级墨西哥餐厅，统统在这几年内出现在周遭五条街的范围里。它们在过去几十年里一直都是黑人经营小生意的店面，街道如今的复兴看起来像是城市经济复苏的征兆，然而就像城市的其他地区一样，在我们看到的街道背后，更多是由上而下的规划。

2006 年，当时路易斯安那的副州长、后来担任新奥尔良市长的米奇·兰德里欧（Mitch Landrieu），指定奥莉萨堡哈利大道为四条"城市主街"之一，在这里投入资金改善环境。其他三条城市主街——圣克劳德大街（St. Claude Avenue）、橡树街（Oak Street）、北城堡街（North Rampart Street），也都位于快速缙绅化的区域。不久，新奥尔良重建局（New Orleans Redevelopment Authority），灾后负责管理闲置土地和规划主要发展计划的机构，将总部搬到奥莉萨堡哈利大道，带来 1850 万美金的多用途开发草案，以办公室和高级公寓为主。重建局在这条大道上至少为六个开发计划挹注资金[9]，并向如今街道上的非营利组织和餐厅经营者贷出了大约 200 万美金[10]。最后，城市引进拆迁大队，优先拆除奥莉萨堡哈利大道被弃置的旧建筑[11]。"我相信这会带来杠杆作用"[12]，当被问到政府为什么投入私人开发，而非补助社会住宅时，市议员斯泰茜·黑德（Stacy Head）如此辩护，"政府的工作是带动市场"。于是，用上百万市政经费支撑起来的奥莉萨堡哈利大道，成为一则都市的成功故事。

有必要指出的是，新奥尔良或任何地方的人当然不会抱怨改善的小区环境，可是当这些改善带来他们无法负担的餐厅、房租，然后是三线街景、自行车道，甚至路面修补都成为迫迁和文化流失的征兆，也代表着政府看重新住民更甚于以往居住在此的老居民。当奥莉萨堡哈利大道还是贫穷的黑人小区，没有缙绅化可能时，市政府并无意改善这里。清除残破空屋、进行街道美化不必然意味着缙绅化，但在现行的体制里，却绝对正相关。

比加尔给我看的共享办公室很美观，是整条街上的金字招牌，它位于一栋12年前被废弃的小学里，现在外墙以木材和闪亮的瓷砖覆盖，一楼是间占地2.3万平方英尺的"新鲜在地食材有机超市"，中间悬挂着一盏巨大的水晶吊灯。

比加尔不认得任何常去这些奥莉萨堡哈利大道新店家的消费者，她说没有朋友会去那里。每当她租出一张共享办公室的桌子，她可以抽取些中介费，但她可负担不起每个月475美元的租金。比加尔告诉我尽管她乐于协助出租空间，她知道自己也是造成这地区缙绅化的一分子。毕竟在一个有40%的家庭处于贫穷线下的区域，有谁能负担这么昂贵的办公室[13]？

当我们回头经过那些新餐馆、电影院、博物馆，比加尔告诉我她觉得像她一样——低收入、黑人、有孩子的中年人，在这新的再开发区是不受欢迎的。在卡特琳娜之前，这里没有足够的中上阶层人士支持有机超市和共享工作空间，环境的改善当然不错，但感觉不是为她而做的。

"像这样的事情真让我担心，"她说，"当他们开始在你的小区盖一间博物馆，你知道你没有存在的必要了。"

比加尔的生活和生涯选择在卡特琳娜前后是一样的：她以前是个教育家兼社运者，现在也是，她住在同样的小区、同样的城市里。但以前她可以维持生计，现在却不行，她自己没变，但她周围的环境却改变了。

从学术名词到大众用语，缙绅化这个词的意思不断延伸和改变。在大众报道里，缙绅化通常被当成是个人行为的加总——雅皮士和嬉皮士们从郊区搬到原本衰败的内城区，逐渐改变当地的环境，比加尔这些人的处境是附带发生的。但缙绅化不只是这样，新贵的增加、比加尔等人的搬迁、生活质量恶化，是缙绅化造成的结果，不是它的起因。缙绅化是个有目的性的行动，而不只是一个大众趋势，要定义缙绅化，我们必须要能辨识它背后的行动者以及他们的行为。

缙绅化，最根本的意思，是将城市原本为穷人和中产阶级提供的空间，改成为供有钱人累积资本使用。这个趋势不只发生在城市，过去几十年来，美国政府的保守主义者致力于将经济自由化，减少对社会安全网的投入，将美国由凯恩斯[*]的福利国家转变为友善企业、财团的新自由主义，只关注上层阶级所持有财富的比例增加。

多伦多大学规划与地理学的教授杰森·哈克华斯（Jason Hackworth）这样写道："缙绅化不只是住宅和商业区表面环境的改善，它代表的是将凯恩斯主义下被公共政策保护的内城置换掉——原本这里具备各种硬件环境与制度设计，用来平衡资本主义造成的不平等，现在则被由私人主导、具有排他性的新自由主义空间取而代之。"[14] 换句话说，缙绅化是新的资本主义显现出来的都市类型。

以此定义来看，缙绅化就不只是无数《纽约时报》报道下无法解释的大众现象，而是可被理解、也可被复制的特殊行动。通过这个过程导向的观点，我们会理解到那所谓的咖啡厅、嬉皮士（以及有关他们的系列报道）、比加尔所面临的财务问题，不是出于偶然，而是刻意的结果，目的是重新打造城市，独惠于拥有资本的人。

在每个缙绅化城市——那些有着新咖啡店、新建筑方案、嬉皮士新贵、处境日益艰难的旧居民的城市，当你追溯起来，这些改变不是由几个城市先驱者带来的，而是一系列联邦、州政府、地方政府政策的加总所造成，这些政策偏好创造财富，

而非创造小区。通常这些政策来自将交通、教育，特别是住宅等都市服务自由化或私有化[15]。事实上，当新贵出现时，这些为他们铺路的政治与经济力量早在好几年前就开始运作了。

在新奥尔良，缙绅化所有的过程在一口气发生，卡特琳娜带来的混乱在很短的时间内，打开了缙绅化政策实施的机会之门。政客和开发商一举通过以往没有办法轻易通过的法律。在联邦政策的支持下，地方领导人利用飓风的机会，将城市的各项服务都资本化。学校、住宅私有化了，工会瓦解，只要有人愿意投资，就给予免税或种种诱因，几乎没有任何附加条件，最重要的是，他们尽一切可能确保黑人不会回到城市。卡特琳娜飓风并不是城市第一次试着驱逐它的黑人人口，但却是最成功的一次。

* * *

卡特琳娜飓风的死伤人数里，有超过一半来自下九区，这里作为新奥尔良黑人文化、社群和商业的核心基地，一直饱受攻击。1920年代，小区中央修了一条运河，用来运输石油和其他工业用物资，自此之后，下九区就被隔绝在城市之外，只能通过桥梁相连，也缺乏好的大众交通系统。这让小区发展出自己的个性，居民对市政府也特别不信任。在卡特琳娜之前，下九区的人口几乎百分之百是黑人，尽管被贴上城市里的贫民区标签，事实上，大部分的居民都是中等收入水平，根据2000年的普查，这个中位数是 37864 美元 [16]，黑人在这里拥有自有住宅的比例 [17]，也是全美最高。

卡特琳娜来袭时，工业运河的水泥堤防破裂 [18]，洪水淹没了整个小区，摧毁了大部分的房屋，单在下九区就有一千人死亡。在风灾之后，有居民爆料说在飓风肆虐时，听到了巨大的爆炸声 [19]，人们猜测阻挡工业运河河水的堤防是故意被炸开，以便拯救城市的富人区，流言四起。记者和政治家对这样的阴谋论嗤之以鼻，但新奥尔良的黑人社群自有道理相信政府会为了保护白人社区而牺牲黑人社区。

要理解政客和开发商在风灾后对新奥尔良的作为，你必须了解的是：这个城市一向对黑人居民充满敌意。1927 年密西西比河泛滥时 [20]，路易斯安那州水利单位的长官决定防洪的最佳方案，是在紧邻新奥尔良的乡村——杰斐逊郡（Jefferson Parish）将堤防炸毁，让水流出，以免淹没新奥尔良市。这个区域的居民多数是黑人佃农，政府承诺会补偿他们放弃的土地，那些拒绝的人也只能被枪指在头上离开家园。被迫清理洪水后受灾的新奥尔良的也是这些佃农，他们始终没有获得土地的赔偿。1965 年，贝齐飓风（Hurricane Betsy）带来的洪水淹没了新奥尔良和邻近的圣伯纳郡（St. Bernard Parish），新奥尔良黑人又经历了一次迫迁 [21]。破坏的情况与卡特琳娜诡异般的如出一辙——包括下九区在内的贫穷黑人社区洪水泛滥，城市的其他地区则相对损失较少。

认知这样的历史，你就不会因对很多人而言，卡特琳娜只是新奥尔良将黑人赶走的又一尝试而感到意外。"政府计划把某种他们要的人带进新奥尔良，把其他人赶走。"基姆·福特（Kim Ford），一个一辈子住在下九区的居民这么告诉我。

城市领导人说的话似乎也证实了她的说法。当新奥尔良的水还没有抽干，房地产开发商、百万富豪、政治家、保守的学者专家就开始对居民和大众大肆宣扬，卡特琳娜是一场伪装成灾难的祝福。他们的理论是：飓风的确很可怕，将近两千人死亡，城市近一半人口流离失所，的确是个悲剧，但在飓风之前，新奥尔良一向就又贫穷又混乱，现在是改造城市的机会了。詹姆斯·赖斯（James Reiss），一位来自新奥尔良富裕上城区家族的商业人士，在风灾时搭乘私人直升机逃离，回来后接受了《华尔街日报》的采访，他的言论代表了精英们对卡特琳娜的看法。

"我们想要看到城市重建，但要改头换面，在人口上、地理上、政治上。"[22] 赖斯告诉媒体，"我不只代表我自己发言，我们不能再让城市像过去那样，不然我们就出局了。"赖斯之后在新奥尔良市长雷·纳金（Ray Nagin）的人事安排下主掌交通局，对新奥尔良建设不佳的公共交通选项握有决策权。

州长凯瑟琳·布兰科也把风灾视为重建新奥尔良、挥别贫穷过往的机会，特别是改革学校体制。但其中，《纽约时报》保守的专栏作家戴维·布鲁克斯（David Brooks）预言得最准确。飓风过后一个礼拜，当人们还困在旅馆里、在超级碗体育场排队等食物发放的时候，布鲁克斯就倡议，利用飓风的机会，让新奥尔良那些贫穷的小区自生自灭，鼓励有钱人搬进来取而代之。

重建守则的第一条应该是：不要重蹈覆辙。长久以来，大多数积极进取、循规蹈矩的人们遗弃了新奥尔良内城……如果我们重建房屋，让同一批人搬回他们的旧小区，新奥尔良将会跟以前一样破破烂烂、乱无章法……。卡特琳娜之后，不想搬回新奥尔良的人会四散到全国的中产阶级小区……。因此重点是吸引这些中产阶级家庭参与城市重建，吸引他们搬进来，即使知道他们的街区会有一些穷人。[23]

在重建过程开展了十年之后，我们忍不住怀疑新奥尔良的政客是否把布鲁克斯的文章当作剧本来操作。卡特琳娜对于政治人物来说，是个实现社运作家娜奥米·克莱恩（Naomi Klein）所谓"休克资本主义教义"的完美机会，利用灾难带来的混乱，推动布鲁克斯倡议的改革：瓦解为穷人提供服务的机构，将城市打造得更适于资本流入。造成的结果是：城市的确比以往富有，但对那些无法适应新经济的人来说，则毫不友善。比加尔就是其中之一。

* * *

在美国，新奥尔良是本土出生人口占居民比例最高的城市[24]。比加尔，和许多人一样，她在这里扎根的历史可以回溯到至少1809年。她的祖父是嘉年华会中著名的印第安装扮的舞者（Mardi Gras Indian）。即便她跟这个城市的渊源深厚，比加尔说，她已经没有能力再掌握这个城市。过去十年来，租金迫使她换了一个又一个住处，从卡隆德莱特（Carondelet）、奥莉萨堡哈利大道、杰克森大道、路易斯安那大道，到南洛佩兹街（South Lopez Street）。她曾在爱尔兰区的中心——圣喜街（Annunciation Street）上住过的一栋三室居，原本租金一个月只要550美元，现在这个区域内类似的房屋租金要2000美元。如果不是她在混合收入住宅区河边花园还有能找到容身之所，比加尔说，她很有可能要搬去跟母亲住，或彻底搬离这个城市了。

比加尔的工作也受到新奥尔良缙绅化现象的影响。卡特琳娜来袭时，她为新奥尔良家长联系网（New Orleans Parent Organizing Network, NOLAPON）工作，协助家长了解新奥尔良复杂的学校体制。但是路易斯安那州的政治家们利用卡特琳娜之机，关闭了几乎所有的公立学校，转换为公费补助、民办民营的学校（charter school）。飓风后的几个月之间，城市的128所公立学校中，有107所转变为新的、民办民营的学区[25]。当比加尔对这样的变化提出异议，她得罪了组织里赞成民办民营学校的新领导阶层，她被解雇了。自此之后，她就一直在辛苦地找工作。

像很多新奥尔良人一样，比加尔从来没有取得大学文凭[26]，她曾经试着念了两所当地大学〔戴尔加多小区学院（Delgado Community College）和南方大学新奥尔良分校（Southern University of New Orleans）〕，但当她妈妈开始生病，一个月的医疗费高达1000美金，比加尔只好休学找份全职工作。在卡特琳娜之前，没有大学文凭并不会影响她就业，但飓风把全国的非营利组织带进新奥尔良，而这些组织并不想招募比加尔这类的人，他们宁可将来自华盛顿、纽约各地的顾问和职员带进新奥尔良。

"我觉得当我们补助这么多钱给这些非营利组织，却没有设立任何标准，规范他们如何应用这笔钱、用在谁身上、用在什么地方，那时起我们就启动了缙绅化的列车。"比加尔告诉我，"当我走进这些非营利组织的办公室时，他们常常只要我脑袋里的数据，可是如果我来自纽约、穿着套装，那就是一个小时要价250美元的顾问工作……我来自一个理应无条件帮助邻居的小区，但现在我聪明多了，当他们问：'可以告诉我们你所知道的吗？'，我大概会说：'你们请顾问的预算是多少？'"

白人志愿者和非营利组织的白人雇员取代了以往的黑人中产阶级工作者。很难正确估算在飓风之后，有多少非本地的白人来到新奥尔良为非营利组织和学校工作，但当地人私下认为不在少数。到2013年，在新奥尔良的学校就已经有至少375个为美国而教（Teach for America）*的教师。来自全美各地上百位仁人家园（Habitat for Humanity）的志愿者义务盖房，这些工作原本可以由本地劳工承担。奈特·特纳（Nat Turner），一个从纽约搬来此处的黑人，在下九区经营一个农场和教育中心，他

---

* 美国非营利组织，于1990年成立。通过招募大学毕业生投身课业落后的学校，解决美国教育不平等现象。

这么告诉我："你看到在街角喝啤酒的那些人，过去就是他们维修你的屋顶，安装水电。"而受过大学教育的白人非营利组织工作者，大多数来自美国东北地区，取代了比加尔这样的人的位置。地理学家理查德·坎帕内拉估计，紧接着飓风之后，大约有超过五千个新的非营利组织工作者到来[27]，随后是两万个白人为主、大学学历的年轻人到来，从事非营利工作，或投入其他高技术的专业领域，就像新兴的电影业（受到免税政策的驱使进驻新奥尔良）。

在寻寻觅觅好几年后，比加尔在 2012 年申请了政府的住宅援助支付方案（Section 8 housing voucher），这些补贴是联邦政府的计划，补助低收入者，使他们得以负担私人出租住宅或公寓的租金。但一年之后，由于联邦政府的预算删减，新奥尔良住宅委员会被迫取消了 700 个补助名额[28]，比加尔也在其中。有好几个星期，比加尔无家可归。

最后她找到了现在的居所——河滨花园。在这里还是圣托马斯社会住宅的时候，这个住宅区给 1500 个家庭提供了居所，但市政府夷平圣托马斯，将开发权转让给私人开发商普雷斯·卡巴科弗后，却只重盖了 606 个单元，其中只有一部分是有政府补贴的低收入住宅。还有 62 个在私人补助下向低收入家庭开放申请的单元，但补助期限只到 2017 年[29]。比加尔就住在这样的单元，一旦补助截止，开发商普雷斯·卡巴科弗就能够把租金调回市价，尽管他不一定会这样做。河滨花园小区的网站显示，像她这样一户单元，租金可在 1200—1500 美元之间，开发商没有道理继续维持低租金。一旦他这么做，比加尔说，她不知道自己会流落到哪里去。

"我在卡特琳娜之后回来，因为我爱我的城市，"比加尔告诉我，"我觉得即使发生了这么多事，人们还是会彼此打招呼，彼此聊天，互相扶持，不会再有地方像这里一样。但我能不能住得起这里，是另一回事……我会抓、会爬，用尽一切方法留在这里。我想要在我的城市里买一间房子，开一辆好二手车。但我能做到吗？我不知道，我祈祷我可以，我希望。"

即便比加尔留下来，她说她感觉自己被抛在后面，在边缘看着新的新奥尔良包围她的旧城市。圣托马斯社会住宅过去尽管危险，却也是社会运动和文化的泉源。美国最成功的租屋者团结运动——圣托马斯居民委员会（St. Thomas Resident Council），就诞生在现在河滨花园和沃尔玛超市所在之处。比加尔和其他人告诉我过去几乎每个周末，都有圣托马斯传奇性的派对和烤肉餐会，那时这里充满了小区感和同侪情谊。而现在，多数的居民，孤立在彼此分隔的独栋住宅里，彼此不说话。对比加尔来说，新奥尔良其他的地区也在往同样的方向发展，变得不友善、个人主义、无聊。

比加尔，跟许多人一样，知道她无力干涉这些新居民的到来。她对新奥尔良新居民最大的疑虑，不是他们的到来，而是他们对这个城市之所以独特的原因缺乏认知。她说，这些新居民看来并不了解，一个充满音乐的城市——爵士乐、节奏、嘻哈，有时候人们会在诡异的时段在你的隔壁练习乐器、制造噪音。

新居民不了解像比加尔这样有孩子的家庭，有时候会吵吵闹闹。在河滨花园小区，这些文化控制和压抑执行得格外严厉。近几年，住户曾发起抗议行动，反对管理者因为他们违反住屋规定的一些小事——音乐开得太大声、厨房柜子的把手脱落、灯泡坏掉，就把他们举报给警方。"我们黑佬在这里快待不下去了！"2013年一条抗议的标语这样写道。

"以前，你可以看到人们坐在圣托马斯社会住宅外面，玩玩音乐，烤肉，小孩在旁边玩耍，"我们开过河滨花园小区空无一人的街道，比加尔这么说道，"现在这里看不到这些活动了，但那是让我们之所以连成一气的原因，现在你在这里不被容许当新奥尔良人了。没错，以前这里犯罪率、贫穷率都很高，但那些犯罪和贫穷并没有消失，你只是把它分散到其他地方了，而你也摧毁了那些美好的事物。"

第2章

缙绅化如何运作

缙绅化这个词由英国社会学家鲁思·格拉斯（Ruth Glass）在 1964 年提出 [1]，在她的书籍《伦敦的改变》（*London: Aspects of Change*）中，葛拉斯描述伦敦的某些小区，因为来自乡村中产阶级"缙绅"的进驻，产生的扰动与不安。

"一个接着一个，许多劳动阶级的住宅区被中产阶级（包括中上或中下阶层）入侵了。" [2] 葛拉斯这么写道，"一旦一个地区的缙绅化过程展开，就会进展迅速，直到多数的劳动阶级居民被迫迁离，而整个地区的社会特性改变。"在那个时候，缙绅化已意味着在牺牲旧居民的情况下，将小区重新打造以迎合新的居民。

在美国，缙绅化第一次被提起则是在五年之后——1969 年，一个叫埃弗里特·奥特纳（Everett Ortner）的白人创立了布鲁克林棕石复兴委员会*（Brown Stone Revival Committee），一个致力于推广"棕色石块生活方式"的非营利组织。奥特纳开始出版《棕石客》（*The Brownstoner*）杂志，用来说服中产和上流阶级的白人搬到布鲁克林。杂志中的一篇文章宣称："缙绅化不是种族灭绝（genocide），而是创世纪（genesis）。"[3] 像奥特纳这类缙绅化的支持者，意图说服迁入者，缙绅化是想要改善小区的人的自发行动，换句话说，他们想要将讨论的焦点从社会脉络转移到个人选择。奥特纳在杂志中写道："我想我们应该把购买一幢棕石住宅，看作是一场恋爱，置身其外的人认为那只是一栋寻常联栋街屋，但对于棕石住宅的鉴赏者来说，它是具有建筑同构型城市景观的一部分，就功能来说尺度完美，可以供不少人入住，同时也为每个人提供私人空间，以及合理的生活形态。"[4]

即便是当时，在缙绅化发生之初，这个过程除了爱以外，也跟一系列特定的政策和从中受惠的企业有关。奥特纳在1974年创办的第一次"重回城市大会"（Back to the City Conference），就是由纽约发展委员会（Development Council of New York City）、布鲁克林联合煤气公司（Brooklyn Union Gas company）赞助。会议的目标比较像是要提振布鲁克林房地产公司和煤气公司的营收，而不是要帮助重振小区。当时大量闲置的空屋不利于地区煤气的经营，搬进来的人口会提振当地的经济，也提

---

* 以往遍布纽约，特别是布鲁克林区，19世纪以赤褐色砂石为建材的房屋。

升布鲁克林煤气公司的财务报表。煤气公司甚至整修了自己位于公园坡（Park Slope）的四层棕石建筑，在地方报纸上刊登广告："这栋被煤气灯点亮的家屋，内部也一样舒适：全年煤气空调，充足的室内空间，一直延伸到后院阳台，点缀有常青的灌木丛，还有一座以煤气燃火的烤肉台。"[5]

奥特纳和他委员会的伙伴们，就像全国各地类似的团体，在塑造缙绅化的论述上，扮演重要的角色，他们创造的缙绅化是由"一群善良的城市先驱者"领导的形象，至今仍影响着媒体。但奥特纳的故事证明缙绅化不只是个人行动，更关乎由有钱人、政治家、企业共谋推动的政策，使他们能够从被缙绅化的小区中得利。今日，缙绅化自上而下的引导过程更加显著。

* * *

1979 年，菲利普·克莱就提出了缙绅化的四个阶段[6]，至今依然可供参考。根据克莱的说法，第一个阶段开始于当一些没有政府或机构支持的个人，决定搬进原本贫穷的小区，开始整修房屋。这些很少被媒体报道，主要是通过口耳相传的方式，新迁入的人逐渐增加。部分证据显示，在历史上这个阶段的缙绅化，往往由男同志、女同志打头阵，他们从单调的郊区离开，想要寻找可以聚集的安全所在。第二次世界大战时，旧金山涌入了大批男同志[7]，主要是因为当时军队开除了太平洋基地上有男同志倾向的军人，集中到旧金山。尽管没有确切数字，数据显示白人同志社群，特别是女同志，在 1970 年代在布鲁克林也扮演先锋的角色 [8]。新奥尔良著名的白人酷儿文化也早于其他地方（底特律在此是特例，当地没有明显的同志文化）。

克莱提出的第二个阶段，是小区产生的改变，开始吸引人们到此购买房地产。这第二波进来的人，有些想要参与塑造小区新的文化样貌，有些是小型的投资客，希望在房价仍低时买进房屋，以后再脱手。在这个阶段，媒体开始报道了，《纽约时报》可能会写篇报道，讨论这个小区是否会是下一个热门地点，所谓下一个威廉斯堡（Willamsburg）。空屋率开始下降，迫迁开始发生。

我认为这两个阶段在某些城市仍然在进行——像底特律、克里夫兰、肯塔基州的莱辛顿等，在这些地方，年轻人开始群聚，新的餐厅开张，报社把大胆的记者送去那里，报道一度死气沉沉的城市的惊人复苏。但这些阶段分类也有点不合时宜，在底特律或克里夫兰的年轻人，尽管看来像当时旧金山的男同志一样，是自发聚集的，但其实在今日，他们多半是受到州政府或其他相关组织的补助引导。

克莱的第三个阶段，基本上就是新奥尔良正在经历的，中产阶级的迁入者在小区里开始取得具有决策性的地位，他们担任小区组织的委员，对外人宣传小区是个适于中产阶级移居、有生活质量的地方。在这个阶段，克莱说，你可以预期银行开始对原本缺乏投资的小区，借出越来越多款项。开发商（而不是个人）成为主要的住宅整修者和兴建者。警察和其他安保措施增加，确保新移入的缙绅阶级有安全感。旧居民和新居民之间的冲突开始发生。

第四个阶段，是小区已然缙绅化，并且变得越来越富有。管理阶级的专业人士取代了艺术家和朋克族，由开发商持有的空屋，被改建为昂贵的住宅，迫迁的情况恶化，缙绅化开始蔓延到其他地方。

1979 年时，这些阶段对缙绅化过程的描述堪称完整，也颇具预见性。但好几位研究者建议，今日我们需要在这些分类中加上第五个阶段，才能正确描述在纽约、旧金山这些地方发生的事。在全球化城市中的缙绅化，不再关乎个人，甚至也不关乎当地开发商想在小区里赚点钱，用地理学家尼尔·史密斯的话来说：缙绅化是"全球资本之手往下深入本地小区"的故事[9]。

今日，许多开发计划是由国际投资者启动，许多小区只有国际性的精英才住得起。蹿升的建筑物不是普通人的家，而是为百万富豪、亿万富豪提供的住宅。在曼哈顿中城区短短的一段路上，最近盖满了摩天大楼，都是价值数百万的公寓华厦。根据《纽约时报》的调查，50% 的公寓每年大部分时间都是闲置的[10]。换句话说，到了第五个也是缙绅化的最后一个阶段，小区不只是对资本比对人更友善，也不再是个有办公室、家庭、学校、小区中心，可以正常生活的地方，而只是一件昂贵的商品。

这些阶段粗略地描述了缙绅化是如何运作的，也显示发生的过程是可预测的——先锋者、咖啡店出现之后，很有可能就会有专业人士、公寓华厦产生，不管你在哪个城市。但缙绅化远比这复杂，有的时候这些阶段同时发生，或没有按照次序。举例来说，底特律的缙绅化，看起来主要是由专业人士大批进驻所引发，而不是个体的先锋者。但不管哪个阶段先发生，这些阶段都导向同一个方向：缙绅化提高小区和城市的价值，直到它们不再适合一般人居住。

克莱的缙绅化阶段有助于我们了解它的运作过程，但没有解释一个根本的问题：缙绅化为什么发生。为什么小区和整个城市突然成为投资的热门地点？在这些分析中，有一个重要的准备期没有被提起，第零期。城市的房地产与分区政策，是由地方政府、州政府、联邦政府决定的，从第一阶段直到第五阶段，都必须要得到政府的容许。

学术圈对于是什么力量说服了执政者欢迎或是鼓励缙绅化，仍有争议。有些人认为缙绅化是由生产端引发——房地产开发商看到内城具有吸引年轻新贵的潜力，想要迫使穷人搬迁。有些人认为缙绅化是由消费者驱动——100万个类似埃弗里特·奥特纳的人聚集在城市里，在郊区长大的那代白人，将内城视为可以发挥个人自由、创造财富的地方，来到这里再造城市空间以满足自己的需求。在这样的观点下，缙绅化的负面影响（迫迁、文化流失等），只是无可避免的不幸结果，是由上百万的个人决定造成。认真说来，这个从消费者立场出发的解释不无道理：内城的确是吸引人的文化空间。我认识数十位在郊区长大的白人青年，就相信自己只有在城市里才能找到理想生活，他们到纽约市来当艺术家、社会工作者、作家，做各种创意工作[11]，从郊区生活的一成不变中解脱出来，他们想要保持单身、当同志，或只想与众不同。

有些人提出缙绅化代表一种更邪恶的个人主义——殖民。像欧洲人殖民美国一样，有些学者认为，这些迁入者把内城当成是个缺乏控制，需要白人文明力量介入的地方。"美国战后郊区化（suburbanization）*的趋势，令城市被视为蛮荒之地，"[12]尼尔·史密斯在《新城市前沿》中写道，"在缙绅化的用语里，有很多用语都诉诸边界这个意象：都市先锋者、都市拓荒者、都市牛仔，他们是都市传说里新的拓荒英雄。"

我们无法认定缙绅化完全没有包含这种可怕的殖民主义心态。有无数次，我听到人们说，要改善小区的唯一办法，就是他们自己搬进去住。开发商和迁入者的用语，也常常带有帝国主义的意涵。1983 年，当时代广场西侧一栋新的公寓大楼开幕（当时尚未缙绅化），开发者在纽约时报登了全版广告，庆祝"开拓者筚路蓝缕""驯服了大西部"[13]。

在缙绅化的地区，许多商店也反映着潜意识的殖民心态。在布鲁克林，有商店取名为"帝国美乃滋"（Empire Mayonnaise）、"前哨咖啡"（Outpost Café）——做什么的前哨？两者都是光鲜亮丽的白人店家，开在以黑人为主的小区里。

---

* 郊区化（suburbanization）是相对于都市化（urbanization）而言，指的是居住人口从内城转移至郊区的过程，并且导致都市面积的扩张。然而低收入者相对较没有能力通勤于郊区与内城之间，因此郊区化经常伴随着低收入者集中于内城的现象。

2014 年，一栋布什维克的新建筑被命名为"殖民地 1209"，而这里可是一个以拉丁美洲裔居民为主的地段。它的文宣听起来就很做作："在这里你可以找到一群志同道合的新移民，将自身的文化融合在纽约的老小区里，创造艺术、小区、新的生活方式。我们来拓垦吧！创造布什维克风格。"[14] 值得一提的是，这栋建筑从市政府获得了为期 15 年的免税额度，价值高达 800 万元。

但这些文化性的解释并不足以说明缙绅化的第零期为什么发生。有钱的年轻白人被内城空间所吸引，没错，这很重要，但缙绅化最终不是只关于文化，而是关于金钱。迁入者想到内城里创造艺术，逃脱郊区的规范，展开探索，但如果没有利润，这个过程不会持续运作下去，开发商盖房屋不是用来赔钱或支持艺术的，他们推动城市重新规划小区的土地使用，并不是为了追求内城文化复兴。要回答缙绅化为什么发生，我们必须从城市如何让这些迁入者获利开始。

* * *

如果开发商无法从中获得利润的话，缙绅化不会发生。没错，嬉皮士和雅痞搬进一个小区，可以拉动当地的房地产价值，但大型的、全面性的城市改变，是由开发商的获利动机来推动。

城市不是一直都有利可图的地方。到 1960 年为止，开发商在郊区可以赚更多钱——以便宜的价格取得土地，建造独栋住宅，利用兴盛的房贷市场，把房屋卖给多数是白人的中产或上层阶级。但到了一个临界点，郊区的获利空间逐渐消失了，如果你看看纽约市周边的郊区带，就会知道原因：到 1960 年，所有沿着通勤铁路或合理开车范围以内的地方都被开发完了，房价变高，开发商难以再买低卖高，获取利润。诚然，他们可以购买离城市更远的土地加以开发，但通勤者不愿意跑那么远，而纽约的郊区通勤时间已经超过一小时了。城市内部的土地，反过来说，由于原有白人移出和去工业化的关系，反而可以廉价取得。

1979 年，尼尔·史密斯提出了对于缙绅化可能最具影响力的学术观点：租隙理论（rent gap theory）。史密斯认为，过往越缺乏投资的空间，在缙绅化时越能够获取利润。他理论的背后有个利伯维尔场经济的基本假设：资本会流向有最高获利回报、获利可能的地方。史密斯意识到缙绅化不是随机发生，它是可预测的。如果你想要知道哪个小区接下来会缙绅化，你只要看看城市哪个地方最有获利空间——哪些地方建筑可以便宜获取，同时在短时间就可以高价售出。

根据房地产税收数据，史密斯可以指出哪些街区最容易被缙绅化，这些地方的建筑物通常很破旧（所以可以便宜买下），邻近其他缙绅化地区（所以移居者可以就近迁入）。租隙（rent gap）是指房地产的现况价值，和它被缙绅化后价值之间的差异，差异越大，地区缙绅化的机会就越高。

小区里，缙绅化的变化看起来发生得很快，但它经过长期的酝酿：某些精明的房地产开发商了解如何从都会区里大范围、长程的空间变化获益。史密斯指出，开发商的获利来自：对穷人尽可能地收高租金，尽可能不维修房屋，先榨出房屋现况的利润，时机成熟时，再踢出旧居民，进行维修，对新居民收取更高租金。

"为了利润，他们现在涌进小区，把自己塑造成为民谋福利的英雄、冒险犯难的拓荒者、新城市的营造者。"[15]史密斯这么写道。

这个"榨干后再整建"的策略听起来可能有点阴谋论，但现实却往往与其吻合。纽约的房地产和银行大亨在倡议将曼哈顿去工业化时，事先在郊区的外环买下了大片的土地，因此他们可以从迁出的产业和被迫搬迁到布鲁克林、皇后区工作的穷人身上获利。但这其实不需缜密预谋，创造市场获取最高利润——购买破旧而缺少维修的建筑，加以整建而后转手，本来就是合理的经济行为。一个穷人能安居、每个人都有房子住的租屋市场，屋主就要花更多钱来维修，利润更少。

史密斯认为，资本不停歇地寻找最高的获利可能，像跷跷板一样在地方上摆荡，先创造了郊区，又创造了今日缙绅化的美国内城。在1930年间，多数美国人在城市或是乡村都有一个稳定的居所，但当时整个国家经济萧条。通过在城市外建铁路、补贴和对郊区住宅提供信用贷款，联邦政府在几年之间，创造了蓬勃的郊区住宅产业，刺激经济成长，为开发商带来了上百亿的利润[16]。然后，当郊区没有空间再发展，开发商又在寻找新的提高获利率方式，缙绅化、远郊化（exurbanization）*都是其尝试。

利用租隙理论，史密斯精确地预测了包括下东区、哈林区、公园坡等纽约小区的缙绅化。他研究房屋税欠款的资料，发现缙绅化发生在房屋欠税达到最高点之后，这意味着屋主借由不维修、不付税来从持有房屋中得利后，已准备将房屋脱手。埃弗里特·奥特纳想要缙绅化的公园坡小区，在1976年欠税总额达到最高点。不出意外，1977年开始，好几栋建筑从租屋被整建为合作公寓和私有住宅售出。从1977年到1984年间，在公园坡就有130栋房子改建[17]。这个小区的整建案非常之多，在那几年占到了整个行政区的21%。

史密斯的理论是否意指每个迁入者都在寻找最高的利润？并不尽然，这理论也不代表开发商都会意识到他们扮演的角色，但不管个人动机为何，基本的原则不变：缙绅化的集体现象能发生，是因为许多内城区被刻意地放任破败，重新投资也因此变得有利可图。史密斯对此做了结论："缙绅化是一种'重返城市'的运动没错，但它是资本的重返城市，而不是人。"[18]

美国多数城市自从去工业化和白人移出后，都经历了缓慢的资本流失，最终让内城区缙绅化的时机成熟。但因为卡特琳娜，新奥尔良的经济蒸发在一夕之间发生，在飓风之前，新奥尔良

---

* 远郊化（exurbanization）：相较于郊区（suburban）意指都市外围的住宅区，远郊（exurban）则是比郊区距离都市更遥远的地区。因此远郊化是指都市或郊区的居住人口转移至远郊的过程。

的房地产本来就相对便宜，卡特琳娜飓风让价值跌到谷底，甚至业余投资客都有能力去抢购几栋损坏的建筑。飓风也让城市的可能价值提高了，在卡特琳娜之前，许多新奥尔良小区并不欢迎白人外来人口，犯罪率高，多数社区以黑人居民为主。飓风改变了一切，让开发商可以重塑社区的形貌，以白人为主或至少有更多白人，更高档也更有利润。当房地产价格降低，而重新打造城市的可能性变高，租隙前所未有地升高，新奥尔良的缙绅化从经济角度来说，变得合理。

然而，私人利润只能部分解释缙绅化的原因，如果没有文化性的需求、房地产资本的投入，缙绅化不会发生，但是为什么缙绅化会这么无所不在——从主要的文化、金融中心，到乡村小镇、中型美国城市，只有通过一个大到足以影响政策的角色才能解释，这第三个积极推动缙绅化的角色就是：政府。

过去半个世纪以来，联邦政府一再削减社会住宅、社会福利、公共交通的预算，城市只能自力更生。这促成了许多"创业家"式自由主义政府的形态，鼓励商业和产业发展，连带吸引高收入或中高收入的家庭移入城市。通过缴税，这些家庭协助负担过去由联邦政府提供的城市基本设施。同时城市也被迫删减公园、公共交通、社会福利。换句话说，城市想要那些有钱和中上阶级的居民，以他们的税金和购买力提供财源，来弥补过去美国福利国家制度下，受强大联邦政府补贴的财务缺口。

底特律、新奥尔良，还有无数的城市都寄望，千禧世代＊消费导向的生活方式和购买力，能够创造强大的税基，以供其他人依赖。在基础设施好、较有钱的城市，像是旧金山、纽约，政府依靠千禧世代、大企业、百万富豪、亿万富豪，为城市带来大量税收。1960 年，经济学家弗里德里希·哈耶克（Friedrich Hayek），新自由主义首要的提倡者之一，提出了以下缙绅化策略："尽管大部分的人一辈子会住在同一个地方，还是有足够的人，特别是年轻、有创业心的人会流动，地方政府必须要以合理的成本提供好的服务，才能跟别的城市竞争。"[19] 哈耶克倡议联邦政府应该要越少支出越好，认为城市为了生存，要尽力争取年轻有钱人的迁入。

60 年后，你可以看到这个策略在大多数美国城市实现了：新奥尔良毫不保留地吸引产业，特别是电影产业进驻，底特律有各项政策鼓励年轻人迁入城市，旧金山给予推特（Twitter）和其他科技公司上百万的免税额，让他们留在城市，在贫穷的小区盖企业大楼。纽约提供有钱人住宅补贴政策，希望他们能在其他地方支付城市的财政开销。

"他们交了很多税，"纽约亿万富豪、前市长迈克尔·布隆伯格（Michael Bloomberg）这么说道，"他们在商店和餐厅花了很多钱，构成我们经济的一大部分……如果我们能让全世界的亿万富豪都搬到这里，那将是整个城市的福音。"[20]

＊　千禧世代，又称 Y 世代，一般指 1980 年代和 1990 年代出生的人。

联邦政府给城市的预算几十年来一直在减少，但是从 1980 年罗纳德·里根总统（President Ronald Reagan）当选，正式批准预算删减开始，才注定了这些城市发展的命运。里根总统在第一届任期中，将美国的国防外预算删减了 9.7%[21]，在第二届任期，他大笔将住宅与都市发展署（Department of Housing and Urban Development）的预算砍了 40%，让城市再也难以负担社会住宅的费用。交通局在里根的第一届任期里，预算也被砍了 10.5%，第二届则是 7.5%。预算删减迫使城市转向替代财源，例如发行债券，用以支付公共交通和道路维修。但不是每个城市都能发行债券，地方政府首先要能证实自己有偿还能力。能够评鉴政府或企业信贷资格的两家信用评鉴单位：标准普尔（Standard and Poor's）和穆迪（Moody's），过往主要针对私人企业作用信用评级。现在他们以同样的思维来评级政府，当政府支出较高（有较多社会安全福利）、收入又不够时（有较多贫穷人口），他们就会调降政府的信用评级。这正是底特律的遭遇，它的支出太高，收入太低，它的信用评级不断被调降，直到城市再也无法获得贷款[22]。

最终的结果是，用规划和地理学教授贾森·哈克沃思（Jason Hackworth）的话来说，城市被迫在短期内展现得更有企业家精神[23]。他们开始聘用城市经理人、公关团队，把城市当成企业一样经营，期望能将自己迅速改头换面为可营利的单位。最近，常常有小城市在大城市里发起宣传活动，希望能吸引有钱的二三十岁年轻人迁入。在华盛顿的地铁里，一度贴着俄亥俄州哥伦布市的宣传广告，标语上写着："与众不同在这里不会孤单"（Where Standing Out Never Means Standing Alone）[24]。费城也在华盛顿、芝加哥刊登了宣传广告牌，并发起了一个叫作费城校园（Campus Philly）的组织，希望来费城念大学的人，在毕业之后能够留下来。

新奥尔良没有这么直接，但也同样致力于吸引有钱人来到城市，不断通过免税措施刺激高科技公司、电影与电视制片公司进驻[25]。卡特琳娜之后，许多贫穷小区里被遗弃的房屋，被卖给高级住宅开发商[26]，在旅游广告上，城市开始宣传法国区以外的小区[27]，特别是缙绅化特别厉害的玛格尼区和滨水区。

这些措施，让新奥尔良在卡特琳娜之后成为一个截然不同的城市：更白（白人比例上升）、更有钱、人口密度变少。而这个更新、更白、更有钱的城市，却建立在上万名贫穷黑人被迫离开的基础上，这实在很可悲，只有关心财务状况改善的市政府人员，才会觉得一切美好。

"卡特琳娜飓风是个可怕的事件，"市长米奇·兰德里欧的高级助理雷恩·伯尼（Ryan Berni）在 2015 年接受《政治家》杂志（*Politico*）采访时这么说，"但它让新奥尔良有机会成为国家的实验室，成为美国创新和改变的核心。"[28]

第 3 章

破坏是为了重建

当新奥尔良的非裔美国人说在新奥尔良日子过得不容易，他们不只是在埋怨缺乏工作、住房不足或是歧视，他们是真的在城市里快待不下去了。卡特琳娜之后，生活每况愈下，他们担心自己将不得不离开。当政客说卡特琳娜是个改造城市的机会，灾后无家可归的人却得不到资金去整修自己的房屋，联邦紧急事务管理署（FEMA, Federal Emergency Management Agency）发给灾民一张单程车票，让他们到离得远远的城市避难，这些事情都透露出一个讯息：这个城市没有你们会更好。

无形中，似乎有一场隐而不宣的共谋，阻止人们回到到新奥尔良。鲁思·艾妲库拉（Ruth Idakula）之前为市政府工作，现在是一个倡议社会正义非营利组织的社运人士，她来自尼日利亚，在美国住了 24 年，后来在新奥尔良安顿下来，用她的话来说，是因为她觉得新奥尔良是"西半球的非洲"。她现在住在滨水区的一栋公寓，一个几乎等于是缙绅化同义词的小区。但回来后日子过得颇不容易，自从被迫迁离她在花园区的家后，艾妲库拉必须通过重重考验才能回到新奥尔良，甚至必须说谎。在飓风之后，她有四个月住在什里夫波特（Shreveport），路易斯安那州西北方的城市，然后又在亚特兰大住了四个月。她每个礼拜都打电话给 FEMA，迫不及待地询问是否能获得补助，协助她重新在新奥尔良安顿下来。在她打了第四次或第五次电话后，艾妲库拉说，一个 FEMA 职员告诉她："你得不到任何补助的原因，是因为你一直说你要回到新奥尔良。"

迫使人们搬迁并不是一项官方政策，但感觉起来 FEMA 似乎更想要把人送走，而不是让他们回来。没有能力自行疏散，也没有办法回到新奥尔良自立整建房屋的居民，被安置到全美五十州的各个地方——但就是没有被安置在新奥尔良。尽管没有确切数据显示，飓风后有多少居民离开新奥尔良流落在外地，但从向 FEMA 申请补助的 136 万申请书看来，有 84749 份来自休斯敦，4186 份来自纽约，29252 份来自亚特兰大，而 966 份来自明尼阿波利斯（Minneapolis）和圣保罗市[1]。一年之后，至少有 11.1 万名卡特琳娜后的灾民仍住在休斯敦，有 5 万到 10 万人住在巴吞鲁日（Baton Rouge），7 万名住在亚特兰大[2]。

"FEMA 尽可能地把人送走，"一名研究此现象的教授告诉我，"如果有阿拉斯加的教堂说可以安置一些人，FEMA 就会把他们送上飞机。"[3]

没有联邦法律强制要求政府在灾后应该要协助人民重返家

园，因此卡特琳娜的受灾户被安置在一切能提供住宅的地方。有将近 600 个新奥尔良人被安置在犹他州，上万人分散在乔治亚和得州等美国南方各州。许多人再也没有回来，有的是因为他们负担不起，有的是因为他们不想——他们的家和社区已经被摧毁了，他们也开始在新的地方安顿下来，营造新的生活，建立新的社区关系。

但艾妲库拉决心要回家，别无选择又迫切需要钱的状况下，她更改申请书，申明她想要搬到亚特兰大。几天之后她的银行户头里，FEMA 的汇款已经进来了。

在现在的新奥尔良生活，对艾妲库拉并不容易，她在滨水区的住房，租金在卡特琳娜之后上涨了两倍[4]。这跟城里的趋势是一致的，新奥尔良一般市民花在租金上的费用，原本占收入的 14%，在飓风后跃升为 35%。艾妲库拉之所以还能负担得起她的两室（2 bedroom）住宅，是因为她的房东是一名退休的社会工作者，希望让像艾妲库拉这样从事社会工作的黑人能留在滨水区，所以只收她 500 美金的租金。

她告诉我她对搬进这个地区的白人没有反感，但她希望他们多了解自身造成的影响。当白人，以及连带吸引的白人店家出现在滨水区这样的地方，他们做的并不是融入当地小区的结构，而是取而代之。在圣克劳德大道上，滨水区北缘缙绅化最快的区段，许多黑人店家在卡特琳娜之后再也没有重新营业。取而代之的白人店家，他们在窗户上并没有贴着"禁止黑人进入"的招牌，但客户群明显跟旧居民泾渭分明。在这里，有一间身心疗愈中心（也是由房地产商普雷斯·卡巴科弗所拥有），里面有高级的健康饮食和艺廊，有一些同志朋克酒吧、有机果汁店，还有昂贵的咖啡店和早午餐店。理论上这些店家没有错，但艾妲库拉说，问题是这些店家对地方过去的纹理脉络一无所知。她觉得新来的人不是来和当地的老居民彼此交流，彼此融合，他们只是利用一万名黑人居民搬走的机会，来此赚个盆满钵满。

"这不是大家共享一张餐桌，"鲁思告诉我，"这是把我们的食物扫到桌下，然后逼我们吃你们的东西。"

韦恩·盖拉朋（Wayne Glapion）也有同样的感受，他在春梅（Tremé）长大，这个社区在历史上，汇集了18和19世纪间的自由黑人（通常因为有部分欧洲血统而没有成为奴隶）。在近代，则成为爵士乐手的集中地和城市的文化核心。在新奥尔良土生土长的盖拉朋是一名音乐经理人，在飓风之后，就努力保住他在春梅的家：一栋他父母在1945年买的传统双拼住宅（double shotgun house）。

对盖拉朋来说，回到新奥尔良的每一步都困难万分。在卡特琳娜之后，他被迫划着一艘小船离开这栋房子，先到一个干燥的高地，再步行到会议中心（Convention Center），当地提供的救援服务既不足又混乱。他最后被一辆巴士带到靠近阿肯色州史密斯堡（Fort Smith）附近的一处军营收容所。当他知道他有亲戚被送到得州的沃斯堡（Fort Worth），盖拉朋想要跟他们团聚，所以他再次步行离开军营，打算走上20英里，到最近的城市搭车、买张机票，或用任何方法到达沃斯堡。他走了几英里后，一对白人夫妇在路上停下车来，问他："你是来自新奥尔良的难民吗？"

"我本来没有意识到我是难民，"盖拉朋回忆道，"可是那一刻我才发现我是。"

这对夫妻为他付了租车费，因此他可以开车到沃斯堡。他在两个礼拜后回到新奥尔良，开始重建父母的房子。

盖拉朋每天都会清理房子，晚上多半睡在他的拖车里，每个星期三和星期天开三个半小时的车，到查尔斯湖（Lake Charles）他堂弟住的地方去冲澡。每天他都会遭到国家警卫队（National Guard）或私人驻警的盘问，告诉他不可以留在这里。他在清理房子时得冒着生命的危险，这样的恐惧并不是杞人忧天，在卡特琳娜之后，种族暴力在新奥尔良非常严重，一个叫亨利·格洛弗（Henry Glover）的黑人被射杀后，尸体也被烧毁，几乎无法确认身份。他在警车的后车厢里被发现，有五名警察被证实与枪杀有关，并蓄意掩盖事件。其中一名叫作戴维·沃伦（David Warren）的警察，因为射杀格洛弗而被判服刑 25 年，但 2013 年他在上诉后被无罪释放。一直到 2015 年，格洛弗的案子才被宣判是谋杀 [5]。除了格洛弗以外，还有两名手无寸铁的平民在徒步过桥去往高地旅馆的路上，被警察射杀 [6]。

"我要求加派 4 万驻军，"州长凯瑟琳·布兰科这么说道，"配有上膛的 M-16 步枪……我要告诉那些想趁火打劫的人，这些军人知道怎么开枪和杀人，只要情况有必要，他们一定会动手，我也期待他们这么做。" [7]

盖拉朋不认为自己有什么问题，但他知道这些军人会把他当成是趁火打劫的人，他冒着被逮捕，甚至被射杀的风险，继续重建他的房屋。

"他们威胁要把我送到安哥拉（Angola，路易斯安那州的监狱），"他说，"但他们不知道这个城市的重要性，我想要让它恢复以往。"

盖拉朋花了好几年整修房子，慢慢做好所有必要的修葺，但即使他这么努力，他还是没有办法保住房屋。FEMA 和路易斯安那州的补助计划（Road Home Program）都没有办法提供足够的钱，让房子彻底得到整修，所以房子有一部分还是很残破。渐渐地，盖拉朋的钱用完了，最近他把房子卖给一个投资客，买主会把这栋可供两个家庭居住的双拼住宅，改建提供给一个家庭居住。盖拉朋还是住在新奥尔良，但会搬到位于春梅北边的另一个小区。

"这个城市跟以前不一样了。"我跟他一起在市中心他工作的酒吧附近喝咖啡，他这么告诉我。"城市还是充满活力，也会重新复苏，但我不会说城市会变得比以往更好，因为我认识好多没有办法回来的人。这个城市会有一张新的脸。"

* * *

要让新奥尔良绅化，除了把黑人赶走外，相关的社会组织也必须瓦解。首当其冲的就是公立学校。在卡特琳娜之前，新奥尔良的公共学校系统跟美国其他贫穷城市的学校没有两样[8]：经费不足、学生人数过多、成绩表现不佳。在飓风两年后，新奥尔良的学校体制已迥然不同了，还是一样经费不足、学生人数过多、成绩表现不佳，但它现在可是全美国第一个完全公办民营的学区（all-charter school district），只有四所学校还是公立的。

每个保守派的学者、机关，如美国企业组织（American enterprise Institute）和新自由主义的经济学大佬米尔顿·弗里德曼（Milton Friedman），在卡特琳娜之后，都大声疾呼路易斯安那州应该借此改革城市的学校体系。

"这是个悲剧，"弗里德曼在华尔街日报的专栏上这么写道，"但也是个重整教育体系的机会。"[9]

飓风之后才几个礼拜，州长布兰科签署了第35号法案（Legislative Act 35），这项法案赋予州政府掌控辖区内表现不佳学区的权力，从时间点上看来，显然立法的目标是针对新奥尔良。路易斯安那州过去有书面规定，准许州政府接管连续四年平均评鉴分数低于45分的学校。但因为多数的新奥尔良学校表现没有低于标准，在过去（飓风前三个月），州政府只接掌过四所学校。但布兰科的第35号法案，大幅改变了州政府标准，在卡特琳娜飓风之后，只要是低于州政府平均评鉴87.5分的学校，都有可能被州政府接管。大多数的新奥尔良学校达不到这个标准，州政府因而得以在飓风后两年内，将新奥尔良近乎全部学校交由新的重建学区（Recovery School District）掌管。杜兰大学的研究指出，许多新奥尔良市的学校只要稍低于 87.5 分，就会被移转到新学区，相反，路易斯安那州其他地方的学校，尽管低于 60 分，却仍然没有被州政府接管[10]。社运分子称这样的做法形同教育界的"抢地皮"（land grab）[11]。

十年后的现在，保守人士和民营学校的支持者，往往将新奥尔良视为城市教育改革的模范。部分数据显示，重建学区的改革的确是成功的[12]：高中的毕业率由 2004 年的 54%，提升到80%。但事实是否如此乐观，仍有待观察。在重建学区里，只有6% 的毕业生入学考试成绩能进路易斯安那州的大学[13]，比飓风前高出 2%，这实在不算多么成功。

也有证据显示，新学校体系对黑人学生来说，并没有带来那么多好处。在 2013 年的一项调查里，有 53% 的拉丁美洲裔父母认为学校系统在卡特琳娜之后改善了[14]，但只有 29% 的黑人家长表示认同。

新奥尔良新的择校制度，要求父母在每年学期开始前申请学校[15]，如山般令人困惑的文书工作，只有有钱、有闲的家长有办法应付，家庭有状况的学生，往往就落到最差的学校。学校排名靠后，也意味着家长接送学生的路上时间要更久，特别是这些新学校通常没有音乐、艺术等课外活动，要参加这些活动，家长必须接送学生到其他学校，因为学校不会为课外活动提供公共交通服务。

新奥尔良的新学校体制，也意味着州政府得以摧毁城市黑人中产阶级的堡垒：教师工会。在飓风前，新奥尔良教师联盟(The

United Teachers of New Orleans）由 7500 名教师组成，在新奥尔良学区委员会的教师有 90% 是黑人。但在州政府接管新奥尔良的学校后，7500 名教师都被解聘，在由州政府组成的新学区重新申请教职。

"这摧毁了工会，"新奥尔良教师联盟的领袖布伦达·米切尔（Brenda Mitchell）一度这么说，"这摧毁了劳动阶级的精神，也否定了他们的权利。"[16]

被重新聘用的教师被剥夺了争取集体福利的权利[17]，如果他们要求薪资条件，往往面临被解聘的威胁，他们得接受"自由聘用"的合约，意即他们的任期得随时依雇主要求终止。没有数据显示，这 7500 名教师有多少重新被新学区聘用，只有一份杜兰大学所做的研究稍稍透露端倪，这份研究调查显示，卡特琳娜前后新奥尔良教师的年资，在 2004 年到 2005 学年度，只有 9.7% 的新奥尔良教师教学年资低于一年[18]，将近 30% 的教师有超过 25 年的经验。但在 2007 年到 2008 学年度，36.7% 的教师的教学年资在一年以下，只有 11.6% 有超过 25 年的经验。

新奥尔良黑人社群的另一个堡垒是城市的公共住宅，这些传统的砖式构造的房子，像是 C. J. 皮特（C.J. Peete）、墨尔波墨涅（Melpomene）、B. W. 库柏（B. W. Cooper）、圣托马斯、圣伯纳德（St. Bernard）、欲望（Desire）、佛罗里达（Florida）、拉菲特（Lafitte）、伊贝维尔（Iberville）、普雷斯公园（Press Park）等公共住宅，今日几乎全部都消失了，有些被以牟利为目的的私人经营的混合收入建筑方案取代，如河滨花园，有些则被拆除成闲置的空地，等待私人开发。

在美国几乎所有的城市，公共住宅都受到代号 Hope VI 的联邦计划的影响而缩减，这项计划在克林顿总统任内提出，鼓励地方政府拆除传统的公共住宅（通常为砖造的庞大建筑），重新建造为郊区风格、低密度、混合收入的住宅模式。通常这些新的建筑方案不是由政府部门兴建，而是由私人开发商或非营利组织建造。Hope VI 计划背后的概念是降低穷人集中居住造成的社会问题，特别是犯罪问题。但实际上，Hope VI 造成的结果是上万户社会住宅的拆除，却缺乏足够的经费去创造新的替代方案。

在 1990 年到 2008 年间，22 万户（住宅单位）的公共住宅被拆除[19]，其中至少有一半是直接由 Hope VI 计划所引导。但 Hope VI 计划提供的经费只够建造 6 万户的混合住宅作为替代。Hope VI 计划对某些城市的影响格外严重，芝加哥少了将近 1.6 万户的公共住宅，费城少了 7800 户，新奥尔良一开始的公共住宅就没有其他城市多，因此拆除的 5625 户公共住宅，对于穷人来说是重大的损失。

在卡特琳娜之前，政府就有计划拆除新奥尔良多处的公共住宅，包括圣托马斯。但在飓风后，上千位居民撤离城市，政治情势变化，舆论转而攻击既有的公共住宅，拆除计划得以加快进行。

"飓风带来许多破坏，"菲尼斯·薛纳特（Finis Shelnutt），一名不动产开发商在飓风刚过的九月，告诉德国《明镜周刊》

（*Der Spiegel*），"带来许多盖房子赚钱的机会……更重要的是，飓风把穷人和罪犯赶出城市，我们希望他们不要回来……他们的好日子终于结束了，他们得去美国的别处找地方住。"[20]

地方政客也以飓风为借口，加强对公共住宅的攻击，曾经担任市议员的奥利弗·托马斯（Oliver Thomas）这么说："过去我们太纵容了，到了一个时间点，你必须说'不，不，不，不'，不能再这样。""我们不需要那些层次低俗的居民了。"[21]

一名州政府代表甚至说公共住宅的居民应该要"消毒"[22]，曾经代表路易斯安那州首府巴吞鲁日担任十届众议员的理查德·贝克（Richard Baker）说："我们终于把新奥尔良的公共住宅清空了……人做不到的事，上天替我们做到了。"[23]

卡特琳娜之后，圣托马斯公共住宅的拆除加快了进度，市议会开始讨论如何处置城市剩下的四处公共住宅。由于民众有组织的抗议，加上市议会内部的激战，才让 4500 户的公共住宅拆除计划暂缓执行。然后 2007 年，当市议会的白人议员代表 20 年来首度超过半数时，议会终于投票表决拆除所有剩下的公共住宅[24]。以美国政府平均每户 2.2 人的数据来估算，这导致 12381 人流离失所[25]，其中 99% 是黑人，他们绝大多数在卡特琳娜之后，被迫迁离新奥尔良稳定的公共住宅。

新奥尔良的公共住宅也是租屋者权利运动的发源地，借由摧毁公共住宅，迫使上千名新奥尔良黑人居民搬迁，也压抑了黑人社会运动的力量。在 1990 年代的圣托马斯公共住宅，罗伯特·霍顿（Robert Horton），以"酷黑"（Kool Black）之名为人所知，他协助成立当时首创的社区巡守网络，并为孩童提供课后活动。圣托马斯也是第一个建立居民委员会的公共住宅，跟当地的非营利组织合作，确保政府为公共住宅提供的社会服务能够符合居民的需要。

在城市新的住宅开发下，没有租屋者权利团体容身的空间，居民告诉我，也没有所谓的社区感。由非营利组织和私人公司营运的管理单位[26]，以各种烦琐的规定，小心翼翼地监控这些混合收入制住宅。

"在这样的地方，社会运动能够存在吗？人们还能对权力说真话吗？社会服务会像什么样子？"在他的公寓访谈时，"酷黑"这么对我说。在公共住宅被拆除后，他已经搬到距离圣托马斯10英里之远的地方，在新奥尔良东部边缘的一个郊区，"这就是Hope VI 计划带来的破坏"。

除了公共住宅外，飓风也减少了一般市场性房屋的数目，政府部门协助这些家庭重建私人房屋的机制有很严重的问题，补贴的发放也带有种族歧视。路易斯安那州政府提出返家计划（Road Home）[27]，理应发放来自联邦政府数百亿的预算，协助房屋拥有者重建自己的房屋。但直到2008年，还有2/3的预算没有发放。2011年，法院发现返家计划的补助方式对各种族并非一视同仁[28]，白人小区的屋主得到的补助，往往比黑人小区里类似房屋的屋主来得多。

无法回到新奥尔良的人，或因为政府落后的补贴方案而无法负担整修费用的屋主，往往发现他们的财产被市政府查收或拍卖。如果政府认定某栋房子被弃置或残破不堪（尽管房屋可能只是需要重新油漆或修剪草坪），市政府可以传唤屋主，课以重罚，通常一个月可以累计到上千美元。如果屋主没有在一个月内整修好房屋，或是不能负担罚款，市政府对房产就有留置权，如果 30 天后屋主仍无法让房产达到法规标准，市政府就可以将房产收为己有，在网上公开标售。从 2010 年起，市政府已然卖掉或拆迁了至少 1.3 万户独栋住宅，多数是在卡特琳娜之后被弃置，并且位于快速缙绅化的区域。

由于公共住宅的数目大幅减少和私有住宅的缩减，新奥尔良目前的房价居高不下。2016 年，由非营利组织做的研究发现，新奥尔良房屋市场的昂贵程度已达全美第二[29]，有相当高比例的人必须将 50% 以上的收入用来付房租。租金的上涨也是城市原居民流失的原因之一。我采访了好几位目前居住在休斯敦、南方各城的新奥尔良人，他们并没有受到 FEMA 或是其他政府组织的刁难，但他们在休斯敦、达拉斯、亚特兰大、什里夫波特等地的居所相比之下更加实惠，所以他们决定留在那里。不是他们不想回来，而是他们已然负担不起。

* * *

新迁入城市的人和缙绅化的推动者往往难以理解，穷人和有色族裔并不是反对有人搬进城市，问题是缙绅化几乎总是以他人的牺牲作为代价。新迁入者以新鲜的眼光看待城市，没有心理包袱，对于他们到来之前城市再造中透露的邪恶之处一无所知。新迁入者甚至可能怀着高尚的意图——成为社区的一部分，让社区变得更好，为政治变化而战。当然他们也可能只是被相对便宜的租金吸引。不管怎么说，我们很少看到新迁入者彻底了解这个过程，或认知到他们的出现往往意味着其他人生活质量的损失，或是失去容身之处，在新奥尔良的例子里，甚至是风灾带来的死亡。新迁入者的心态很重要，如果他们关心周围的邻居，就有可能稍微修复缙绅化造成的伤痕；若他们愿意参与保护社区的文化，或协助推动改革的社会行动，事情就会有很大的不同。但这些善意的心态还是无法阻挡缙绅化的发生。在新奥尔良的历史上，只要身为白人，比社区大多数人更富有，比起那些被打压的穷人来说，你就有更多的购买力、更多的特权与自主性。我认为这就是为什么新迁入者不愿意承认他们是造成缙绅化的一分子：他们不愿意觉得自己像是暴力和不平等的肇事者。

对自身阶级位置的无知，有可能使新迁入者最终也变成受害者。如果你看看旧金山和纽约的例子，缙绅化在它们周边已经推进了数十年，你就会发现这些新迁入者——朋克、艺术家、同志小区，后来也无可避免地被一群更为富有的嬉皮士所取代，这些嬉皮士而后又被更有钱的雅皮士驱逐。小型的独立商店被星巴克、银行分行取而代之，高涨的居住成本让包括白人中产阶级在内的每个人都喘不过气来。重组城市榨取利润的方式几乎伤害到每一个市民，不管他们的社会经济地位如何。预算减少限制了公共交通服务，博物馆与文化机构运作困难，学校开支捉襟见肘，就像鲁思·艾妲库拉说的那样：如果城市是一架梯子，缙绅化把每个人都往下推了一级，最弱势的人被彻底地推下去，中产阶级则落到底层，甚至有钱人也会感受到来自上层的压力。

只有那些完全不依赖政府服务的人——那些有私人交通工具、负担得起私立学校学费、有足够资金购买房产或承受租金涨幅的人，才能漂浮在缙绅化掀起的海浪之上。我们很难对富人产生同理心，但缙绅化无形中也影响了他们，一个完全缙绅化的社区是个无聊的社区，而一个完全缙绅化的城市（纽约就是个好例子）是个无聊的城市，无法为新迁入者提供他们寻找的社交生活、多样性和真实感。如同简·雅各布斯所写的："我们必须意识到：是成功，引发城市对多样性的自我摧毁，而非失败。"[30]

缙绅化为城市带来金钱、新的居民、整建后的房地产，但同时也摧毁了城市。它让城市变得难以负担，抹杀多样性，城市因此难以孕育独特、大胆的文化，缙绅化消毒净化了一切。众人眼睁睁地看着这个现象发生（即使是纽约、新奥尔良超富豪的迁入者，都在哀叹城市文化的失落），没有人想被看作是新迁入的掠夺者。谁会想成为谋杀一座城市的共犯呢？

＊　＊　＊

约翰和艾丽西亚·温特（John and Alicia Winter）搬到新奥尔良的理由跟大多数人很像：跟其他主要城市相比，它的开销较为便宜，而且感觉"很欧洲"。

"这里就像是美国最接近欧洲的城市，"他告诉我，"让我想起布鲁塞尔。"

约翰来自伦敦，艾丽西亚来自得州，在决定搬到这里以前他们住在休斯敦。约翰在家里工作，为银行和能源公司设计软件，所以他的工作地点很自由。艾丽西亚从事教育类工作，搬来新奥尔良之后，她一直希望能够自己开一家日托中心。这对三十多岁的夫妇说他们准备好在一个怡人的都市开始新的生活，休斯敦对他们而言，代表了美国城市所有负面的部分——过度扩张，缺乏社区感与多样性，到哪里去都需要开车。

"休斯敦居民对城市没有热情。"约翰这样告诉我。

艾丽西亚也同意，她补充道，除此之外，休斯敦也不像新奥尔良这样有多样性。

"能够住在一个居民有贫有富的地方比较好。"她说。

我在法瑞特街（Freret Street）的一个街道市集上遇到约翰和艾丽西亚，这里原本是城市东北角一个被闲置遗弃的区段。法瑞特街距离其他繁华的地区不远，它的南边是圣查尔斯街，两边排列着整齐划一的建筑，有名的街车路线经过它的中段；西边是杜兰大学和罗耀拉大学（Loyola University），教职人员在此有些时髦的寓所。在法瑞特街周边的地区，过去几十年来居住着为数颇多的中产阶级黑人，但法瑞特街的临街店面几乎一直都是闲置的。现在这个地区正面临快速的缙绅化，从 2008 年到 2010 年，社区里闲置的建筑物从 28% 减少到到 16%，这意味着有能力整修店面的人正在迁入[31]。社区平均房价从 2000 年的 8.1 万美元上涨到 2013 年的 18.4 万美元，翻了两倍还多[32]。在法瑞特街缙绅化最为集中的区块，根据人口普查[33]，黑人数量从 82% 降至 72%，而白人数量则从 13% 上升到 22%。

法瑞特街跟美国城市其他缙绅化的社区感觉很像，如果你在这里逛上几次，你会以为自己是在布鲁克林的威廉斯堡，或是旧金山的教会区（Mission District）。在法瑞特街角落的那家魔力咖啡（Mojo Coffee），跟布鲁克林或是波特兰的任何一家咖啡店都很像，靠一群使用苹果电脑、二十几岁的年轻人，点 4 美元一杯的咖啡来维持生意。刺青店有可能来自得州奥斯汀，而汉堡店可能来自明尼阿波利斯的上城。就像如今每个城市的近郊都聚集着像百货公司、家居用品店、办公用品店等连锁商店一样，每个城市几乎都有一条法瑞特街。

我遇见约翰和艾丽西亚的市集被称作法瑞特街市集，在每年的 3 月举办，本质是一场为新邻居的到来所做的宣传。咖啡厅、餐馆、酒吧和艺廊将它们的摆设陈列在人行道旁，市集的参加者（几乎全部都是白人）游走其中，吃着 6 美元一个的小汉堡、奶酪薯条、鲜榨果汁等一切嬉皮士风的食物，街道上打出横幅，上面写着："欢迎来到新法瑞特街。"

约翰和艾丽西亚在那里研究他们的新邻居。几个月之前，这对夫妇在厄普兰街（Upperline Street）以 37 万美元买下他们的家，他们知道这个价格比起几年以前高出很多。他们一搬过来就爱上了这个社区，希望能成为社区构成的一部分，所以去拜访了法瑞特社区中心，一个协助低收入居民的非营利组织，询问是否有担任志愿者的机会。约翰想也许他可以开一门计算机课，艾丽西亚在考虑当地家长也许有托管儿童的需要。他们带着中心职员的名片离开了。

他们两个人都听过缙绅化这个词，约翰提到他痛恨缙绅化对伦敦达尔斯顿（Dalston）造成的影响，他很多住在那里的朋友都说那个地方变了，从一个前卫、时尚的地方，变得平淡无聊，而住满了雅皮士。

当我问约翰和艾丽西亚他们如何看待自己成为缙绅化过程中的迁入者——两个年轻的白人移居者，有足够的钱买下 37 万美元的房子，他们表示从来没有这么想，但他们的确有可能是。

"我不知道我们会不会造成像达尔斯顿那样的影响，"约翰说，"但也许我们是改变社区的坏蛋，有时候我觉得有罪恶感，我好奇邻居们看到我时会不会想'他们毁了社区'。"

约翰和艾丽西亚都认为自己在尽力融入社区，除了寻找担任志愿者的机会，约翰说虽然当地人的经验比较少，但他的软件公司会尽量雇用当地人，艾丽西亚也说她会确保她的日托中心费用合理，至少她会设立奖学金计划。即便他们两个人都立意良善，凭着约翰和艾丽西亚这类人的有限力量，势必无法阻止社区的改变往负向发展。

在法瑞特社区中心的不远处，是丹尼斯理发店，丹尼斯·西古尔（Dennis Sigur）已经在这里经营了 43 年，他见证了 1970 年代城市经济崩溃、白人大迁移之前这个黑人社区的繁荣，一直到今日的缙绅化。他的店不是为新迁入者而开的，当然他没有拒绝迁入者进店，但也没有试图吸引他们。他的员工是黑人，依我所见，他的顾客也全是黑人。店的生意很红火，但丹尼斯说，生意不像以往那么好了。而以服务白人为目标客户的新店一直在不断开张。

"我们的顾客搬到越来越远的地方，"他说，"我们在奋力求生，这里欢迎的红毯是给新来的人准备的。"

法瑞特街的新迁入者的确有特殊待遇，在卡特琳娜之后，州政府划定法瑞特街为文化街区 [34]，让沿街的新店家可享有税收优惠——艺术家的收入免税、整修店铺可以得到补助等，只有新店能够申请，像丹尼斯理发店这样的老店不行。城市也通过特殊的分区管制准许酒吧和餐厅能够集中在这个区域。一般说来，在一个饮酒盛行的城市，市议会对于新酒牌的签发往往相当严格，但在法瑞特街上开店却是个例外。在新的分区管制政策下 [35]，法瑞特的每一家新餐厅都可以无须市议会同意就申请到酒牌。这导致几个月之内，好几家餐厅连续开张，迅速吸引了一群年轻的白人酒精爱好者。这看起来可能没有什么，但设想，假如法瑞特街的餐厅像城市的其他地方一样，要经过重重难关才能申请酒牌，如果这些新店家没有减税优惠，法瑞特街的发展会截然不同。

多数我访问过的新奥尔良人，并不认为政府抛出橄榄枝，吸引人们来到城市原本乏人问津的区域有什么问题。但也有一部分人，对这些吸引手段不以为然，这些奖励优惠措施引入了白人的高消费商店，带来的影响有利有弊。2013年春天，有上百名法瑞特街的居民群聚在一间学校的自助餐厅开会，讨论是否要加收区域的房屋税，将收入用来聘雇私人警卫来做小区巡逻。在会议的讨论桌上，有两个白人居民代表支持此提案，两个黑人居民代表则反对此提案，反对的声浪相当高——多数的黑人居民担心增加的警卫措施，会让警方常骚扰当地黑人的情况雪上加霜，最终提案被搁置了。但是这凸显出，新奥尔良的小区被活化后，往往造成冲突，有些人觉得受益，有些人感到自己被抛在后面。

"结果迟早是：如果你的收入不够高，你就无法留在这里，"丹尼斯·西古尔这么告诉我，"新住民跟旧居民之间的鸿沟越来越大。"

* * *

到了缙绅化的中期阶段——"先驱者"安顿下来，资本自动源源不绝地涌进，寻找能够获利的小区，人们就开始被分化，不只是黑人、白人、富人、穷人，而在这些群体间又创造了次群体。促成缙绅化的精英，也会产生各种自我认同的分类，既然没有人愿意被当成破坏城市的始作俑者，有一个新的阶级诞生了：一群相对富有、但反对缙绅化的白人。

莱斯莉·海因德尔（Leslie Heindel）就属于这一类人。我通过莱斯莉的妈妈莉萨认识了她。莉萨是一名房地产经纪人，为了了解新奥尔良房市，我到莉萨位于高级地段花园区的办公室采访她，采访过程中，她的女儿莱斯莉不断地停下手边工作，故意大声叹气。莉萨建议她加入访谈，结果发现，原来缙绅化是莱斯莉和她的朋友圈内几乎每日讨论的话题。

莱斯莉说，缙绅化已经给她目前的生活带来了危机，要在新奥尔良能够生存，除了在她妈妈办公室的行政工作之外，她还必须在酒吧额外打两份工。就像其他二三十岁的年轻人一样，她自己没有房子，必须要租房，因为随着房地产的飙涨，她没有钱去负担购屋的首付款。

我们在爱尔兰海峡区的一间酒吧里抽了几根烟，喝了几杯啤酒，这里离阿莎娜·比加尔住的地方不远。莱斯莉跟她的朋友跟我倾诉，她们观察到新奥尔良目前的种种问题——新进驻的电影产业侵占了空间、房屋市场、工作机会，Airbnb 鼓励人们短期出租房间，已然造成租金上涨，在主要观光地点法国区，附近的小区越来越观光化、"迪斯尼化"＊，社区感正在逐渐消失。

"我在这个酒吧工作已经十年了，"莱斯莉在缭绕的万宝路

＊ 根据迪斯尼公司主题乐园的形象，打造或转变对象、场所或文化元素的过程。特性包含逃避现实、幻想、消费主义与社会理想化。

烟雾里说道，"有些晚上来的人我甚至一个也不认识。"

莱斯莉和她的朋友享有身为中产阶级的余裕，没有立即迫迁的危机，但却能感到自己要面对完全不同的社区、更狭小的公寓，要接更多的工作，才能留在自己的城市。她们感到自己正在被推下鲁思·艾妲库拉所比喻的城市的梯子。

"每个在这里成长的人对新奥尔良的认知都不同，"莱斯莉承认，但她和她的朋友认为，在卡特琳娜之后城市的改变更为快速、剧烈。

"如果你在六年前问我，我会告诉你我们正在往对的方向进步，"莱斯莉的朋友克丽丝塔·罗克（Crista Rock），一个视频制作人，这么说，"我会说电影业的到来太棒了，城市的创业氛围也很不错，我想没有人预见会有这样结果。我本来充满期待的。"

莱斯莉和克丽丝塔抱怨的各种产业，是被税收优惠吸引来的。路易斯安那州和美国各州一样，设有各种免税制度和激励措施，吸引企业入驻，但是路易斯安那州对这些制度的依赖要远大于其他地区。州政府每一美元的预算里，就有 21 美分用在企业身上 [36]，只次于得州和密歇根州，远高于其他州。在路易斯安那州，制造业购买物料有十年的免税期 [37]，使用当地研发技术的公司，可享有 40% 的减税奖励，绩优表现的公司可以有 25% 的减税奖励，振兴传统商业模式的企业，则可在五年期内完全免税，对企业的奖励办法可称无穷无尽。

2011 年，州政府给予亨廷顿·英格尔斯（Huntington

Ingalls）造船厂 2.14 亿美元的免税额 [38]，吸引该公司留在新奥尔良。同年，经营天然气和石油的谢尼埃能源公司（Cheniere Engery）获得价值 15 亿美元的免税额 [39]，该公司 2013 年付给 CEO 的薪水是 1.42 亿美元。

单独就个体公司免税额来说，谢尼埃能源获得的免税额是最高的，但整体而言，在路易斯安那州，电影和电视制作产业最容易获得免税额，这些产业主要集中在新奥尔良。单 2013 年，州政府就给予电视电影产业 2.51 亿美元的税收抵免 [40]，A&E 电视公司的鸭子王朝（Duck Dynasty）真人秀在路易斯安那州录制时，每一集都会获得 30 万美元的奖励。

种种税制奖励为新奥尔良带来了上千个高收入的工作机会，他们的薪水远高于新奥尔良的平均收入 36964 美元 [41]，这创造了两个经济体——一个是低收入的本地人，一个是经由路易斯安那州纳税人的补贴得以享有高薪的高收入群体。对于高收入的人来说，路易斯安那州的房地产可说相当廉价，莱斯莉告诉我，在她母亲的办公室，客户多半来自纽约、洛杉矶等地，某种程度上来说，尽管力量微小，莱斯莉也在将自己逐步推下梯子。

* * *

那么在阶梯最顶端的人又怎么想呢？如果即便是中产阶级的精英也看到缙绅化带来的破坏，为什么缙绅化还一直在发生？普雷斯·卡巴科弗是新奥尔良最主要的开发商之一，就是他将圣托马斯社会住宅改建成市场价格的混合住宅。他跟市政府的决策系统关系紧密，是住宅委员会的主席，也是全国性重要都市规划组织——都市土地学会（Urban Land Institute）的成员，卡巴科弗的意见对于市政府官员有强大的影响力。

卡巴科弗相当亲切，就一个以私人开发致富的百万富豪来说，他的许多观点出人意料。如他认为联邦政府应该花费更多经费照顾穷人的住宅需求，他认为美国政府在战争上花了太多钱，而在教育上投入不足。但关于缙绅化，卡巴科弗的观点还是颇令人不安，特别是他对一个以贫穷黑人为主的城市有这么大的支配权。

"若不成长，就是死亡，"他在自己位于市中心、深色木质装潢的办公室里告诉我，"为了保护社区而停止开发，不是个好的选项。"

在卡巴科弗看来，新奥尔良的最佳愿景是变得像纽约或旧金山一样。"我们过去失去了很多中产阶级的人口，这变成一个恶性循环。中产阶级并不需要这么多政府服务，他们可以负担这些服务。如果城市的中产阶级离开，穷人集中，你需要投入的服务必须增加，但税基又变少，城市就会走下坡路。这就是之前新奥尔良的状况，底特律、纽瓦克（Newark）和印第安纳州的加里市（Gary）也是这样。"

但阿莎娜·比加尔或是莱斯莉·海因德尔这些人怎么办呢？在城市试图吸引更多中产阶级甚至中上阶级的过程中，其他人觉得自己越来越被推到梯子的底端。卡巴科弗的回答，基本上认为这是此一过程中无可避免的结果。

"的确，当小区开始复苏时，许多过去可以住在这里的人，现在无法负担了，"他说道，"但这就是现实，当你想要把一个状况很糟的小区活化，过去那里可能因为犯罪、贫穷、种族等问题，导致当地房市不活络，一旦市场机制进入这里，有些人开始搬到其他小区，这很可能会让人难受，但他们会搬走。"

新奥尔良很显然愿意以任何方式去鼓励、包容像卡巴科弗等开发商所倡导的这类活化计划，我问卡巴科弗他是否觉得新奥尔良会变得像纽约或旧金山那样，即使是中产阶级的人也觉得在城市里生存困难，人们开始为了反对缙绅化而走上街头。

"你可以说新奥尔良需要一点缙绅化，"他这么回答我，"在旧金山或纽约，事情已经达到饱和点，在此之后，人们就会开始走上街头。但我会担心在新奥尔良人们会走上街头抗议吗？还不会，我们还不到那个程度。"

要把卡巴科弗描绘成一个站在金字塔尖端操弄城市，无视大众感觉的恶棍很容易，但他的想法跟莱斯莉·海因德尔、新奥尔良市议会的政策，还有学界与规划界的看法没有什么不一样，他们都把缙绅化等同于城市活化。对于不会直接被迫迁的中产阶级人士来说，他们似乎只想要程度刚刚好的缙绅化来改善周边的生活环境，但改变又不要大到威胁他们自己的银行存款。嬉皮士们喜欢咖啡店，但对于雨后春笋般冒出的精品店、银行分行感到不安。雅皮士们可以接受精品店和银行分行林立，但对于开发所引起的景观与文化改变感到失落。而像卡巴科弗这样的开发商支持环境的改变，只要程度不会引发抗争。问题是这点点滴滴都是缙绅化过程的一部分，一旦你开始将城市转化为累积资本的机器，就很难回头。

*　*　*

我们很难说新奥尔良在 10 年或 20 年后会变成什么样子，但很明显，这座城市几乎已完全专注于经济增长，而不再修复或回顾卡特琳娜带来的伤痛。今日在新奥尔良的报章杂志，鲜少看到有关缙绅化或是流失人口的报道，新奥尔良的政府官员已经放弃追踪因为飓风而离开城市的 10 万居民的去向，这些人似乎就这样消失了。而城市已经开始了新的一页，不去探讨其中族裔或阶级的变化，而只强调发生的"进步"。

科罗拉多州立大学族裔研究教授埃里克·石渡（Eric Ishiwata）在卡特琳娜后一篇分析政治修辞的文章中写道：飓风显示了多数美国人还是无法接受国内有极端种族歧视和极端贫穷现象的存在。有一群弱势者，他们的权益被侵犯，介于生死存亡间，只有像卡特琳娜等重大灾难发生时，社会大众才会短暂意识到他们的存在。飓风过后几个星期，《新闻周刊》（Newsweek）9 月 19 日的封面故事就把这些"被遗忘"的人称作"美国的另一面"。在卡特琳娜发生四天之后，FEMA 的主任迈克尔·布朗（Michael Brown）如此为 FEMA 状况百出的应变措施辩护："民众不了解情况是多么的特殊和不同寻常——原本我们以为根本不存在的一群人，突然出现在桥上和尚未被淹没的高速公路上。"[42]

根据石渡的解读[43]，像"我们以为根本不存在的一群人""美国的另一面"这类用语，意味着"绝大多数卡特琳娜飓风下的受害者，以不受欢迎人物的面貌呈现，被在新自由主义支配下漠视种族差异的美国视而不见"。

换句话说，一直到这些人被政府遗弃，走上桥梁自谋生路的画面被 CNN 捕捉送到上百万美国人家庭的电视机之前，这些贫困的新奥尔良黑人的死活根本无人在乎，甚至理应保护他们的 FEMA 的主任迈克尔·布朗，也不知其存在。

卡特琳娜打开了一扇窗，让我们得以窥见真实的美国，但一旦灾难过去，这扇窗就关闭了，整个国家的心态又恢复常态，漠视黑人，特别是低收入黑人。他们的权益不断被否定，就像石渡所指出的，整个社会形同倒退，不只遗忘了不平等和种族歧视的议题，也遗忘了一整群弱势居民的存在。

这扇窗户的关闭，解释了为什么只在几天之内，人们就再也不关心新奥尔良的重建问题，停止关注飓风后无法回到家园的 10 万名非裔美国人。对大多数政客与戴维·布鲁克斯这样的意见领袖来说，要让一个以黑人、穷人占大多数的城市恢复旧观似乎是不必要的。当时有数千名逃难者乘巴士前往休斯敦体育馆避难，前第一夫人芭芭拉·布什（Barbara Bush）在前去探访时，对广播采访表示，逃难者的情况比起留在新奥尔良还算不错。

"你知道,有好多人在体育馆的人本来就是弱势群体,"她说,"所以他们还蛮能适应这种状况的。"

飓风过后的一个礼拜之内,当被问到政府是否应拨上亿经费重建新奥尔良,美国众议院议长丹尼斯·哈斯特(Dennis Haster)回应道:"我不知道,对我来说不太合理……在我看来许多地方应该被夷平。"[44]

对新奥尔良黑人处境集体性的忽视,解释了为什么联邦政府从来没有追踪卡特琳娜迁出新奥尔良的难民究竟有多少人。十年来,没有一个政府机构研究卡特琳娜造成的流亡人口下落,最大规模的研究是由非营利组织 RAND 机构发起的[45],而这项追踪计划也在五年前中止了。

卡特琳娜以及其衍生的人为灾祸撕裂了新奥尔良,然而十年之后,"美国的另一面"的论述已然被大众忘记,裂缝被填平。一种新的描述——重生与成长——成为大众媒体的主流声音。就如《野兽日报》(Daily Beast)所说,城市浴火重生了[46]。《国家期刊》(National Journal)称新奥尔良的成长是个经济奇迹[47]。新奥尔良快速攀升为商业杂志、报纸旅游版上十大最佳居住、工作、恋爱地点。尽管还有上万人离散在外地,新奥尔良却已"恢复旧观",即便重建问题重重,面临各种失败,城市的领导人却仍向我们保证,像是戴维·布鲁克斯所说的,卡特琳娜飓风的确是一场伪装成灾难的祝福。

对于"他者"生活的忽视,导致缙绅化的不断发生,莎瑞法·罗兹-皮茨（Sharifa Rhodes-Pitts）在她的著作《独一无二的哈林》（*Harlem Is Nowhere*）中写道：当一个小区开始缙绅化时，媒体往往以"人们开始搬进这个小区"或是"以前这个地方鲜有人去，现在不一样了"等词句来描述，仿佛意指在缙绅化之前，没有人住在这个地方，或至少这些人不太重要。在新奥尔良和其他城市，情况就是如此，如果你忽略缙绅化对长期居住在此的弱势居民生活的冲击，情况的确看来一片大好，但若你认可他们的生活及其意义，那事情显然有很大的问题。我们不只是忽略了这些人，也不断以进步之名，侵蚀了他们的话语权。

我们为缙绅化城市创造了这样的图像：人们以崭新的眼光来体验新奥尔良[48]，人们迁入底特律，将城市变得更棒[49]，布鲁克林还有一些隐藏的角落[50]，旧金山是下一个房市热点[51]，城市的老旧地区被更新[52]，小区正在活化[53]，经济正在复苏[54]。

然而我们知道，在被缙绅化影响的人看来，地区活化几乎是迫迁的同义词，新的商机往往不是让所有族群受惠，而热门地点也意味着社区感的失落。

我想这两种观点都是正确的：当有些人乐于享受新发现的新兴小区时，有些人则发现他们再也住不起这里；当有些人觉得新的新奥尔良、新的底特律充满希望，有些人则不以为然。缙绅化所带来的影响，一面是探索与改进，另一面则是更为复杂和令人不安的消逝，与城市的经济和人口息息相关。新迁入者、政策制定者和其他权势的掌控者是否能解决这两种影响？这关乎我们城市的未来。

简·雅各布斯在《美国大城市的死与生中》写道："私人投资形塑了城市[55]，但是社会观念（和法律）能引导私人投资的方向。如果我们知道自己想要的图像，就能设计出适当的机制，让图像成真。"

我们心中的城市图像又是什么样的呢？

第二部

底特律

第4章

新底特律

2015 年初夏的某日，底特律四家高档自行车品牌之一的底特律自行车公司（Detroit Bikes）在市中心开了第一家店，租下了阿尔伯特大楼（The Albert）整个一层。这栋底特律最新的改建大楼坐落在刚整顿好的国会公园（Capitol Park）对面，它所在的商业区近年一直很沉寂，直到最近某些区域突然活跃起来。店门外，店员一边发送印有商标的贴纸，一边跟几个来往的行人闲聊——有人在遛狗，有人骑单车或走路上班。这景象在其他城市再平凡不过，如今终于变成底特律的寻常风景，然而在五年之前，要人们到市中心散步、购物、买个百元的自行车坐垫，对很多底特律人来说简直离谱。

店内，底特律自行车的创始人扎克·帕沙克（Zak Pashak）招待客人品尝当地的墨西哥玉米卷，客人们在店里穿梭，研究新货：两款定价 700 美元的自行车；英国布鲁克斯（Brooks）

的皮制自行车坐垫，定价 100 美元；伯恩安全头盔，定价 65 美元；还有一些高档斜挎邮差包和几款标准自行车齿轮。

"我爱市区，这里是整个历史城区的中心，"我俩在国会公园的长椅上坐下，帕沙克接着说，"只消留意你要进驻怎样的地方，当个好客人。"

不久前，国会公园正在面临崩毁。2009 年，市政府整顿园区，把周边几栋市府持有的建物卖给私人开发商。自那之后至少有 15 个开发项目动工 [1]，多栋中古办公大楼和老旧公寓被改建成豪华公寓。国会公园如今是底特律最昂贵的地段，虽然旧街区依然存在——公园里仍有流浪汉，街角的廉价咖啡馆和熟食店也没少——但整个街区似乎更往这群新精英阶级靠拢：昂贵时尚的餐厅、平价酒吧卖着昂贵的鸡尾酒，甚至还有一家约翰·瓦维托斯（John Varvatos）的专卖店——里面最便宜的鞋子也要 400 美元。底特律似乎跳过了缙绅化的初期阶段，没有附庸风雅的雅士文人，没有悠闲的咖啡店，没有激进分子，直接从破产的反乌托邦都会，变身雅皮士的游戏场。

我在自行车店里遇见 24 岁的麦克斯·高登（Max Gordon），他几个月前才从相对富裕的郊区搬进市区，现在是底特律自行车公司店面大楼的物业经理，他衷心赞同新大楼带来的转变。

"终究要变的，"他在店外跟我对话，"我们正走在时代的尖端。"

阿尔伯特大楼目前由两大开发商，基岩房地产（Bedrock）和博得与萨克斯物业（Broder & Sachse）共同管理。底特律最大的房地产公司基岩的负责人，同时也是全美最大房贷业者速贷（Quicken Loans）的创始人丹·吉尔伯特（Dan Gilbert），就是新底特律的拉拉队长。2010年，他将速贷总部和上千员工从郊区迁到底特律市中心。从那时起，他陆续收购摩天大楼，现在至少拥有80栋市区建筑[2]。他擅长营造街区氛围，引入园区设计，办活动吸引游客，还有遴选店铺来契合他昂贵而独特的美学。正是他一力选择了底特律自行车承租、进驻阿尔伯特大楼。

吉尔伯特说，他的使命不只是要借着底特律便宜的不动产赚满荷包，还要将底特律市中心转变成观光客、生意人，尤其是年轻人的世界级胜地。他最爱的座右铭是：行善之人，万事如意[3]。这使命让他成为众矢之的，一方面受到企业领袖、政府官员、国内外媒体的盛赞（某篇报道甚至称他是超级英雄）[4]，另一方面又被社会运动人士抨击，认为他把底特律带向寡头政治，由他和少数几个权贵掌控底特律的再生，市中心如今甚至被当地人称为"吉尔伯特城"。

吉尔伯特的部分策略是，不仅要买下底特律全数土地，还要重塑底特律的形象。他的开发团队在市中心张贴了数百张海报，黑色背景上写着白色类涂鸦字体"底特律良机"。公交车载运着他的员工，也载运着这个商标。某些"底特律良机"的海报还附赠几则启发人心的箴言："找不找得到机会，关乎你相不相信它就在眼前。"麦克斯·高登念了一段，他穿着光鲜，绿色网球衫搭配紧身牛仔裤，带着底特律制造的席诺拉（Shinola）

名表（城里另一家奢侈品制造商，他们的脚踏车动辄上千，手表也要 500 美元）。他是新底特律和吉尔伯特的信众之一，在他看来，上千年轻人搬进底特律市中心不只是一时风潮，而是个运动。

"能进入基岩和很多年轻人一起打拼真是太好了，在这里生活就像是大学新生这一年，大家都在找朋友。我觉得这很棒。"他说。

谈到缙绅化，麦克斯否认"分裂"这个形容。

"事情必须要翻转过来才能露出正确的一面。"他逐字引用国会园区附近其中一张"底特律良机"的海报。"这个地方需要投入很多努力。"

扎克·帕沙克的措辞缓和了些，他仍然认为批评吉尔伯特、批评底特律该不该重新发展的声音应该收敛。毕竟，发展嘛，就算像丹·吉尔伯特形容的"暂时不民主"[5]，也比完全停滞好。

"我认为吉尔伯特很棒，"帕沙克说道，"再也找不到比他更厚道的亿万富翁了。很多人只是抗拒改变，所以我不喜欢缙绅化这个字眼，底特律需要改变。"

扎克说他相信自己就是这场变化中的一部分，但我继续追究缙绅化的问题，我问他有没有觉得这样下去会出现两个底特律——新底特律的人，住得起月租 1200 美元的公寓，骑着 700 美元的自行车；而另一个底特律的人年均收入只有 1.5 万美元[6]。

"我们相信上升的浪潮会带着这里的穷人一起过得更好的。"帕沙克回应。

不过真实情况是，底特律其他地区的经济状况仍旧惨淡，而对这波再发展浪潮兴起之前就住在国会园区附近的居民来说，新底特律绝对不是恩赐。

博得与萨克斯在 2013 年买下格里斯沃尔德街（Griswold Street）1214 号的建筑，重新命名为"阿尔伯特大楼"，致敬底特律最有名的装饰艺术建筑师之一阿尔伯特·卡恩（Albert Kahn）。2013 年之前，这栋大楼里住着近百位低收入的老人，全靠住宅法案第 8 条的补助才得以租赁栖居于此。博得与萨克斯将他们全数驱逐，给了一些搬迁补助券，任凭他们四散在城市各处。现在这栋大楼的住户多半都是千禧一代的白人，公寓月租最低 1200 美元。博得与萨克斯从改建案动工时起就获得了城市的 10 年减税优惠 [7]。

公园的对面是另一栋豪华的出租大楼，产权属于丹·吉尔伯特的基岩公司，过去这里都租给了艺术家，两年前艺术家也被赶出去了。这两起迫迁在底特律一度引起抗议，但对帕沙克和高登而言，迫迁只是进步的代价。

"这就是市场趋势，"帕沙克说，"大家的出发点都是好的。"

阿尔伯特大楼幕后推手的地产公司副总裁托德·萨克斯（Todd Sachse）似乎所见略同，他向《底特律自由新闻》（Detroit Free Press）表示："我敢打赌，100 个搬离此地的人里，有 95 个如今更快乐。" [8]

此话并不尽然。我曾访谈过的阿尔伯特大楼前住户，每个人对于搬离一事，最温和的态度也不过是矛盾。确实，据他们所言，格里斯沃尔德1214号已经分崩离析，但它着实区位绝佳，位在市区去哪里都很方便，他们有些人本来决定要在此终老。不过现在许多人被迫搬到底特律外围，附近除了高速公路和加油站什么都没有。

72岁的杰尔姆·鲁宾逊（Jerome Robinson）过去在福特汽车（Ford）和克莱斯勒汽车（Chrysler）的生产线工作，他长大的地方现在叫作中城。2007年，当格里斯沃尔德1214号释出空房的时候，他欣喜若狂——鲁宾逊的视力不好，不再能开车，他所需要的一切服务，包括药房、银行、图书馆等，几乎都可步行抵达。五年后他被告知要搬迁，现在他住在幼时住处附近的一间小公寓，被高速公路隔开，附近几乎没有公共交通系统，也没有药房和银行。

"这真的很困扰，"他在新客厅对我说，"1967年有一场骚乱，那些白人跑了。1970年有个黑人市长上任，又有一些白人走了。后来就是这些家伙来了，开始到处置产、拆屋、重建，然后白人又回来了。"

"人们怎么看待有钱人进驻，希望他们做这个做那个，怎样都可以，我只是觉得住在这里很自在，"鲁宾逊继续说，"我只是想待在这儿，但他们把我赶走了。"

租隙理论解释了新底特律形成的经济原因：资本会流向潜在价值大的方向，而最大的收益来自城市经济触底后，缙绅化的条件成熟。底特律已经历经长达数十年的衰退，2013年的破产反而造就了租隙的回弹空间：城市破产，所有财务由紧急危机管理人（emergency manager）凯文·奥尔（Kevyn Orr）接管，他大幅削减各项都市服务，让底特律成为投资标的。这也说明了扎克·帕沙克等许多人受到像丹·吉尔伯特这类有力人士驱策，而纷纷进驻底特律市中心；至于杰尔姆·罗宾逊这样的人则被忽略（甚至还被施恩般地告知说他们应该要心怀感激地接受发生的事）。不过，底特律的缙绅化并不只是因为帕沙克等人心血来潮的念头，帕沙克和他的伙伴们，仅是整个更大的活化策略中的一步棋而已。

＊　＊　＊

2008 年，可能是美国最知名的都市规划理论学者理查德·佛罗里达（Richard Florida）到底特律的"创意城市高峰会 2.0"（the Creative Cities Summit 2.0）发表专题演讲，题目是"重新想象底特律"（the re-imagining of Detroit）[9]。2013 年佛罗里达又回来演讲，这次是参与"底特律政策会议"（Detroit Policy Conference），跟丹·吉尔伯特投资集团旗下的巨石创投（Rock Ventures）首席执行官麦特·卡伦（Matt Cullen）一起，和底特律市其他行业的领导者共同讨论"打造底特律品牌"。

"更新、活化很明显不是从政府端引动，而是由创业者和创意阶层带起的，"[10]佛罗里达在会议前发布了一系列共五集的影片，"每个人其实都创意独具，重建底特律的关键就是善用每个人的创意。"

2015 年，佛罗里达再度回到底特律，这回是要指导"创造：底特律"研讨会，讨论如何"建立更具创意、更有包容力的城市"。研讨会最大的赞助者是吉尔伯特的巨石创投和精品品牌席诺拉。

佛罗里达在会议上表示："我们不需要创造底特律，底特律正在创造它自己。"他在每一段演说和出厂前的影片里，都聚焦在市中心和中城核心区，赞颂此区细致的城市纹理和历史建筑，指出受过高等教育的人正在陆续移入，新公司也逐一开张。佛罗里达在这三个会议里谈起底特律的重生时，从未提起这个城市每年仍以惊人的速度萎缩。虽然底特律的创意能量源源不断，人口从 2000 年到 2010 年却减少了 1/4 [11]。2015 年人口数持续下降，达到了自 1850 年以来的最低点。但佛罗里达不谈那部分的事，他也没说大部分住在底特律的人，尤其是那些非创意再生社群的人，认为居于此大不易：整整 1/3 的底特律人计划要在五年内离开这里 [12]。不过这正是理查德·佛罗里达的卖点：说服城市相信缙绅化是经济复苏的唯一出路。

他的代表作《创意新贵》（*The Rise of the Creative Class*）在 2002 年出版。身兼多伦多大学马丁繁荣研究所（Martin Prosperity Institute）主任和《大西洋月刊》（*The Atlantic*）的资深编辑，佛罗里达大力鼓吹破产的城市引入"创意阶层"来恢复元气，基本上美国没有别的城市像底特律那样严重破产 [13]，就如同某个社运人士告诉我的，"理查德·佛罗里达正巧投其所好"，也不令人意外。

佛罗里达 2002 年出版的那本书就像一线曙光，许多城市都面临全美工业化时代后，都市中心转向，经济需要重建的课题。全球化现象使得工厂倒闭或迁移，刚开始搬到没有工会的州，后来干脆直接迁到海外；中产阶级梦寐以求的安稳和财富走向崩解。城市步入后工业老朽阶段，成为梦想的句点。而佛罗里达给出了一剂解药。

他提出城市能通过吸引"创意阶层（creative class）"来自我复苏。佛罗里达用"创意阶层"来指涉这群难以明确界定的工作者类型，任何需要创意的职业都涵括在内——医生、律师、艺术家、电影制片、会计师、发廊老板、"精品"销售人士（包含了收银员、经理、挨家挨户推销的业务员、不动产经纪人、模特儿）等。

佛罗里达指出，1980 年全美的劳动力人口有 24% 都属于创意阶层[14]，2010 年又增加到 32.6%。他认为这是创意阶层逐渐强大的信号，而不把它解读成，比方说，当全职工作机会变少时，难免有些人得独立创业，或成为自由职业者（同样的历史遗忘事件还有一桩，佛罗里达将工会的式微，归因于工作条件不需要再改善，却无视了过去半个世纪里劳工组织受到恶意攻击的事实）。

根据佛罗里达的说法，全美制造业工作机会大幅流失，解决方法就是让每个劳工都变成"创意工作者"。至于具体应该怎么做[15]，佛罗里达在他的书中并没有指点迷津。为创意阶层律师服务的星巴克店员要如何变成一个创意店员？如何把建立在廉价劳工基础上的整个经济体转变为创意经济？该怎么解释与创意阶层的崛起相伴而来的似乎是中产阶级的衰落？

即使佛罗里达承认创意阶层的种种限制——他们解决不了经济失衡，无法妙手回春恢复城市的生机，他在书中仍然大费笔墨谈论投其所好的都市规划，通篇高呼只要创意阶层来了，城市就会发达，至少好过现状。佛罗里达的著作正是缙绅化的蓝图。他主张城市要迎合千禧世代的口味来吸引艺术家和"波西米亚族群"（bohemians），他认为这是一群喜欢跑步与户外运动的生活方式（团队运动不算）、喜欢美术馆、热衷购买古董和其他独特物品、注重饮食乐趣（而非传统餐厅）的人。佛罗里达说，千禧世代"对体验的渴求"永无止境[16]，城市的责任就是要提供一份追寻体验的地图，拿到足够的钱。

已经没有时间让城市等待这一切自然发生了，佛罗里达写道，必须在三个领域投入资源——科技（techonology）、人才（talent）、包容力（tolerance）[17]，以吸引创意人才，种下创意成长的种子。换句话说，都市必须投资高科技产业，提升教育，确保可以留住各类创意人才（尤其是同性恋者，佛罗里达认为他们是创意阶层中风向标式的人物），才能巩固整个波西米亚的堡垒。

城市对佛罗里达的主张趋之若鹜，不只因为受到这位浸信会传教士的热情和活力的感染，还因为他为后工业时代美国城市的发展提供了一个简易而友好的解决方案。不必增税，不必修路，不必通过新法案——只要减些税，给点激励，来点广告跟品牌营销，然后"砰！"你的城市发达了！

这也是佛罗里达的著作成为都市规划和经济科系必备读物的原因之一。第一刷卖了 30 万本 [18]，都市规划书籍里前所未有的数字。虽然没有官方统计数据，但我敢说美国几乎所有中型城市的每一个商业团队的每个带头人都熟读此书。

底特律市中心和中城区域，正是佛罗里达所谓的新时代都市再生典范的一颗明珠，每个街区都有新餐厅、艺廊、工业风空间（loft）*。几个砥柱机构（anchor institutions）——包括速贷、巨石创投、底特律美术馆（Detroit Institute of Arts）、克雷奇基金会（Kresge Foundation）、家乐氏基金会（Kellogg Foundation）——都为城市创造了新的工作机会。如果你站在伍德沃德大道（Woodward Avenue）和塞尔登街（Selden Street）的路口，在数年停滞之后，这里确实有些新鲜事发生了。底特律，至少这一区，就如佛罗里达说的，是一个成功案例，因此底特律，至少这一区，就如都市规划人士认定的，是发展成功的新区域。2016 年的新城市主义大会（Congress for the New Urbanism）就在底特律举行 [19]，与会者除了可以参加常规的酒店内部的工作坊，也可以报名观光底特律的新兴街区。再往前一年，联合国教科文组织（UNESCO）封底特律为"设计之都"（City of Design），与本土品牌和商家联合发起活动，来展现底特律"对全球创意领域的贡献"。

---

* Loft 在牛津字典上的解释为"屋顶下方用于住宿或仓储的阁楼"，20 世纪后期这个词演化为指涉"仓库与厂房改建成的住家"，格局多半高大宽敞，强调展现自我风格的空间运用和布置，代表一种时尚的生活方式和居住概念。

都市规划界和佛罗里达的追随者，似乎都认同底特律通过吸引创意阶层来复苏城市的正面效果。反正只要忽略城市里的其他区域和那里慢慢人间蒸发的居民（多半是黑人）就好。

佛罗里达确实在书中曾经坦承："（创意阶层崛起）其中一个后果，就是加剧人群和城市的经济分层。社会不仅变得更不公平，这种不平等还会蚀刻在地理分布上……社会阶层的地理区分可能造成新的隔离现象——跟种族隔离，或市中心和郊区的分裂不同的那种，甚至可能危及国家的团结。"[20]

佛罗里达曾在《大西洋月刊》的系列报道里，谈及包括底特律在内的一些城市即使引入创意阶层也难以挽救："要知道，最终我们都无法阻挡某些地方的衰败，甚至连尝试都嫌傻。"[21] 而底特律正是其中之一。

不过，对阮囊羞涩的城市本身和规划界人士来说，期待嬉皮士能够扭转晚期资本主义的后果，比起认清许多美国的大城市如今因为后工业衰退和不平等加剧而颓势难挽，实在有吸引力多了。缙绅化或许会建立新的税基，但也重塑了城市的样貌，将城市变成不平等的共犯，寄望于借此自筹资金，但无法照顾到贫者的需要。要解决美国城市的经济问题，可能需要下些功夫：更多税金、更多法规、联邦政府端的介入。但这些都很难，缙绅化却很容易。

市政财务困窘，未来希望渺茫，政治人物和规划者（以底特律来说，法人组织和非营利机构已经取代了这两者）干脆对都市规划典籍的谆谆告诫视而不见。城市全心追随理查德·佛罗里达的献策，要讨好千禧世代，却不去看这么做的限制和各方的后续效应；它们忽略佛罗里达曾承认创意阶层并非特效药，也忘了另一位知名的都市学者简·雅各布斯谈过真正让街区可爱且充满活力的是什么，还有政府为中产阶级而对地方造成的毁坏。政府似乎走投无路了，它急着找到某个方法，什么方法都好，来让城市继续前进，领导者避谈缙绅化作为都市更新手段的风险和血本无归的潜在后果，反而急着拥抱"赶紧来吧"的策略。就如底特律之前某位经济发展专家所说："再来点缙绅化，我很抱歉，但我还是要说，就放马过来吧！"[22]

* * *

底特律宣布破产的前几年，一股新自由主义信念，从如纽约这样缙绅化的成功案例，和理查德·佛罗里达这样的先知这里传播开来，和资本一起共同影响了城市发展的转向，握有资本的那些人就是如丹·吉尔伯特这样愿意对底特律孤注一掷的人（他们也从掉到谷底的房产价格获利）。

现在底特律也不再以急需援助的贫困形象现身，反而成了独立自主、吸引新兴世代的巨擘角色，没搭上顺风车的人将被甩在后面。这意味着城市的能量和资源将重新分配，从妥善供应整个城市的需要，集中转移到一个相对范围较小、有潜力缙绅化的区域。2010 年，底特律市长戴夫·宾（Dave Bing）提议缩小行政区界[23]，切除经济持续恶化的区域，全力支持市中心。

此建议一出，立刻引来外围区域居民（底特律多数人口）的抗议，但没能动摇这个构想。

从那时起，规划者、创意圈、企业便与政府联手，将所有精力集中在市中心、中城和少数指定区域，忽略城市的其他部分，拒绝给它们同等的媒体版面和政治表述，任其房屋倾颓，交通匮乏。新底特律如今几乎是一个封闭的小圈，住在新底特律的人几乎可以完全不踏足旧城区。

每当一家新店开张（通常是白人店主，走嬉皮士或雅皮士风），新闻发布平台"D 型模范"（Model D Media）经常会做相关介绍——"D 型模范"是一家由非营利组织和企业合资创办的媒体，专门正向报道底特律的大小事。骑士基金会（Knight Foundation）或克雷奇基金会这类大型基金组织也可能发新闻稿，一同摇旗呐喊给予支持，或者投入小额资金帮助空间修缮。接着，由骑士基金会部分赞助的"都市创新网络"（Urban Innovation Exchange, UIX）或许会帮这家店跟市中心多如牛毛的非营利机构牵线，比如"孵化底特律"（Hatch Detroit）、"底特律创意走廊中心"（Detroit Creative Corridor Center, DC3）、"科技城"（TechTown），皆致力于辅导新创事业发展。底特律半公立的经济发展机构（Detroit Economic Growth Corporation）也可能介入——投入资金、老屋整修、媒体宣传。然后此店可能登上更大的媒体如房产网站"门面"（Curbed）或《底特律自由新闻》，形容它如何孤注一掷，立足于潦倒街区却拔地而起。最后，《纽约时报》也许会亲自来访，给此店冠个名，比方说："浮沉底特律的一线生机"[24]。

《纽约时报》的那篇报道谈到五家企业，企业主全部都是白人。底特律有 83% 的黑人人口，但目光焦点和知名度所在的新底特律却几乎全是白人。韦恩州立大学（Wayne State University）的研究生亚力克斯·B. 希尔（Alex B. Hill）发现非营利机构的受赠者[25]、多个推动都市再生的非营利组织的工作成员，以及参与科技或商业育成的人中，69.2% 都是白人。

在这样一个回音室里，新底特律这群年轻领袖对自己事业的回护显得有点粗鲁，对于外界批评他们所谓活力再现的城市其实充满排他性无动于衷，也就没什么好惊讶的了。为什么一方面底特律某些区域似乎渐有起色，而其他区域却持续支离破碎，光凭新底特律无法一概而论。

"很多人来到店里，说'喔，这里都找不到黑人创业家'。"安杰拉·福斯特（Angela Foster），白人，之前住郊区，是一家名叫"咖啡与＿＿＿"咖啡店的老板，店面位于黑人为主的小区。"咖啡与＿＿＿"也接受了政府的补助。"这不是黑人白人的二分，而是人们希望在小区里面做点什么，就这样而已，就是如此。……这么大的城市，有这么多资产、这么多机会，怎么会有人被排除在外……我不太吃这套阴谋论。你总得知道方向在哪。有些人就是爱离群索居，他们可能就是被忽略的那群。"

一个由年轻白领创业家组成的商会甚至自称为"征服者"。考克镇是底特律一个新兴的时髦区域，这里有一所教会运营的食品救济站，需要为无家可归的人们修建一个排队等候的安全区。商会的人正忙着确保这个安全区的规划不会有损地区的时髦气质。

"我没有要让他们饿肚子的意思。"菲尔·库利（Phil Cooley）是"慢慢"烧烤餐厅（Slows Bar B Q）的老板，这家店可能是底特律最知名的新店家，也是商会（他们现在已经不叫自己"征服者"了）成员之一。他继续说："但就只是不断给食物、给食物、给食物，根本没给他们其他希望，像得到一份工作，或是脱离这个恶性循环——真令人沮丧。"

虽然他对待不幸的人态度有点漫不经心，但《纽约时报》在 2010 年报道"慢慢"的时候，用了这样的标题："餐厅行善，有极尽乎？"[26]

库利乐于接受他成为新底特律典型代表人物的这个角色。几乎所有关于城市复苏的报道都会引用他的谈话，从《纽约时报》的专题人物到"D 型模范"关于"慢慢"餐厅如何转化了考克镇街区的介绍，再到《克雷恩底特律商报》（Crain）对库利的专访，评选他为"20 位底特律 20+ 能量人物"之一。

"我想我选择待在这里，是因为我既年轻又傻。"菲尔在"骑小马"（Ponyride）群落的二楼办公室跟我谈话。"骑小马"是他在库克镇一手创立的共同工作和艺术空间，市政府和多个非营利组织都投入资助，也受到网红主妇玛莎·斯图尔特（Martha Stewart）和美国运通（American Express）的高度关注。"我希望感觉到自己正在成就某事，而底特律似乎是我可以发声之处。这是个民主的城市……我们绝不希望底特律变成一座孤岛。"但新底特律的塑造过程，从各方面来看都将使其成为孤岛，更精确地说，成为一个城市里的城邦国家（city-state），跟外围毫无关联，毫无从属，很快你就能步行、骑单车、搭轻轨逛遍缙绅化的核心地带，且不出区半步。此区已经名副其实变成一个封闭循环。

由底特律几间最大公司的资金支持的非营利组织"底特律河滨保育协会"（Detroit Riverfront Conservancy）在河畔造了一条步道，让市中心与东、西侧区域相互连接。河流的东侧，可以取道德昆德尔通道（Dequindre Cut），一条由铁路改建的自行车与人行步道，抵达东市场（Eastern Market），这个有150年历史的农夫市集最近多了些手工艺品，质感也有所提升。如果你要从市中心到中城〔底特律另一个时髦区域，近期被称为"卡斯走廊"（Cass Corridor），因地产利益而咸鱼翻身〕，你可以走路、骑单车，或搭乘全新的M-1电车，这个3.2英里长的轻轨系统号称是公共交通系统，但它的资金几乎都来自私人企业，像是通用汽车（GM）、丹·吉尔伯特的巨岩创投等公司，以及许多非营利机构。

反缙绅化的社运人士很快指出，更多、更好的公共交通选项，对于像底特律这般极度欠缺交通服务的城市来说并不是什么好事。支持公共运输的倡议者多年来都尝试说服底特律好好处理公共交通，但只要一想到底特律有142平方英里，比波士顿、旧金山、曼哈顿加起来还大，而所有新的运输系统都位于城市缙绅化中心这7.2平方英里的范围里，就该问问：这套运输系统究竟是为谁修建的？

M-1 电车可能是因应缙绅化兴建新基础设施的最佳范例，刚开始它被设定为公共运输系统，连接底特律北边郊区，很多人从那里通勤到市中心上班。不过现在 M-1 线长度只有原定的 1/5，而且只连接商业稠密的市中心以及中城的住宅和文教区。投机客纷纷抢购房产，准备将其变身成轻轨沿线的高档公寓。就算是拥护者，也大方承认 M-1 线不再是公共运输服务，而是地产开发的工具。

某个午后，底特律最有影响力的区域经济发展组织底特律中城公司（Midtown Detroit Inc.）的老板苏·莫西（Sue Mosey）在她玻璃幕墙的办公室里对我说："M-1 电车创造了一个循环，让中城和市中心的人在一个大市场中相互流通。其实为这里或底特律其他区域解决公共交通的问题是公共部门的责任，不是 M-1 的。那不该是 M-1 的事，是整个城市的事，是地方政府的事，是国家的事。我们的工作不是要解决城市里其他人的问题。"

从 M-1 线也可以一窥底特律近年发展的惯常模式：对外宣传建设对公众的好处，由一群有影响力却又不需要对市民负责的非营利单位来规划，再由底特律资金最雄厚的几家公司筹资，从中也获得不少好处。

但开发者的华丽辞藻经常掩盖真正的事实。在新底特律的话语里，扎克·帕沙克不只生产昂贵的单车，他也确保这里的人因为单车带来的风潮而提升生活品质。菲尔·库利不单要牟利，他也参与了底特律含苞待放的民主历程。丹·吉尔伯特最爱的职场座右铭"行善之人，万事如意"似乎成了新底特律的宣传口号，上百位年轻白人创业家对此深信不疑，认为他们不只是在赚钱，还在拯救整个城市。这也是为什么跟苏·莫西的谈话令人清醒，她直白地谈论新底特律的利润动机（profit motive），没有用"涓滴经济学"（trickle-down economics）*这样委婉的说法来遮遮掩掩。

莫西告诉我，最大的问题就是底特律中城公司实际上几乎已经没有市政府的影子了，它握有中城区规划的实际权力，也不需要为赞助资金以外的人负责（开发商，或像克雷奇基金会这样的非营利机构）。真正的市政府——历经 2013 年宣布破产，创下行政史上最大破产纪录——根本没有足够的资金、专业和人力来规划自己的街道。

"现在每件事都在重新洗牌，"莫西说，"我们支出所有规划费用，付钱给所有专家，举办所有会议。然后我们得和市政府合作，达到他们的一切要求。"

莫西承认，由她这类人来提供基础都市服务，诸如交通和整体规划，实际上是给本来就有能力自行负担这些服务的区域开放了特权。中城因为邻近市中心，是个有利可图的地段，一些大公司和大基金会都设立于此。莫西和中城公司每年可以得

---

* 该理论主张政府应对企业与富人减税，并提供经济上的优待政策，以刺激整体经济发展，最终使社会中的贫困人民也得到生活上的改善。作者用以讽刺那些看似为大众利益着想，实则利润至上的企业家。

到近 1000 万美金的经费 [27]，用以治理中城这小小的微型城市。中城公司有能力雇用规划师，然而其他底特律的小区却请不起。

"我认为瓦解的公共服务系统对处境维艰的小区来说，根本无济于事，应该好好修补，"莫西说，"这不对，不应该是这样。但这也不是我的错，我只是尽人事，我领薪水做这些事，我的公司也是，而且我们做得很好。"

其实也没什么人说新餐厅或新店家不好，对新大楼或治安改善也没什么意见。大部分受访的底特律居民并不排斥从郊区或海岸线新移入的白人嬉皮士，毕竟他们迁移的理由很充分：房租便宜，有能力创立新事业、新工作。大部分世居的底特律人对市中心的重新发展有着复杂情结，看法也不一。有人甚至称赞吉尔伯特涉足投资底特律核心区域的决定是慧眼独具。

真正可能有害的，不是投资或新移入的人本身，而是媒体或资金对这些投资或新人的过度关注。丹·吉尔伯特已经得到市政府和媒体太多的溢美之言，他们这些人已经接受了上亿元的税额减免或奖励，获得了新电车路线和自行车道，而底特律其他地方却只能过着没有红绿灯、没有垃圾回收、没有稳定可靠的警察体系的日子，抵押条件很差的法拍屋（丧失赎回权的法院拍卖房屋，有的正是吉尔伯特的速贷融资公司经手的）成千上万，水路管线损坏，随时可能断水，学校恶名昭彰，整个小区极度贫困。

没错，某种程度来说，底特律复兴是件好事，但其实底特律需要活力已经不是一天两天的事了。1950 年代起，底特律的人口就急遽减少，有人问：为了维持摇摇欲坠的城市，居住于此的黑人一直都在工作，但为什么只在白人出现的时候，大家才会注意到呢？

＊　　＊　　＊

芒果酒吧（Café d'Mongo's Speakeasy）位于市中心的一条小街，周围被几栋吉尔伯特的大楼包围，这间 30 年历史的酒吧看上去比实际的年份还老，向来是底特律黑人精英的聚会场所，过去在这见到国会议员和市长也是司空见惯。但"芒果"的老板拉里·蒙戈（Larry Mongo）在 1993 年把店关掉了，因为此区实在太破败，犯罪率也高到不适合再开店。

"白人走了，"蒙戈坐在酒吧的高脚椅上跟我谈话，"流浪汉走了，连鸽子也走了，只剩下我。"

此地封锁了 15 年，直到 2008 年，一个酒驾的司机撞上酒吧的玻璃门面。当时蒙戈不在底特律，当他回来时，一群白人少年——市中心的时髦青年（gentrifier）——一起在保护酒吧不被破坏或被宵小入侵。蒙戈看到这群真心愿意住在底特律如同炸弹轰炸后的市区的少年，决定重新开张。一直到现在，店里几乎总是高朋满座。

最近某个周六，身为黑人的蒙戈为当初这群让他愿意重新开店的人举办了一场特别活动。那晚，爵士乐团在一个狭窄的角落演奏，所有人都站着，几乎都是白人，穿着底特律最时髦店家卖的衣服，边聊天边啜饮经典调酒。蒙戈坐在户外的座位，他称这种庆祝方式叫"授粉者之夜"（Pollinator Night），对他而言，"授粉者"这个词，描述了缙绅化在底特律的变化：白人年轻一代搬进小区，资金、关注随之而来。

蒙戈说速贷、巨石创投和其他搬进市中心的公司的少年都对芒果酒吧有利，但他不禁会想，这个城市似乎只认可现在的成就，这是个问题。他说："整个城市不认为过去的生活是生活。'授粉者'降临的时候，才是文明到来的时候。……这点让我很生气，但你知道吗？这就是现状。"

第 5 章

7.2区

底特律的缙绅化，跟纽约或旧金山的模式不同，并不是一个群体取代另一个群体。1950年代时，底特律有将近200万人口，而今只有不到70万人。这个城市有很多成长空间、闲置建筑和空地等着再利用。

只不过，底特律缙绅化的发展分头并进：有钱人大部分是白人迁入者和他们的商业盟友，深受媒体赞誉、政府关爱，还有底特律非营利团体的经济支持；而剩下的那些人——那7.2平方英里之外的134.8平方英里——正在逐渐从地图上消失，因为失去抵押房产、生活凋敝衰败、缺少公共服务而元气大伤。对于那些还留在这里，但却无法挤入7.2区的人来说，城市正在包围他们。

谢里尔·韦斯特（Cheryl West）就是7.2区之外的一员。我们遇见的时候，她站在前院，被60个装载着生活的纸箱团团包围。底特律最活跃的反迫迁团体"底特律迫迁防御"（Detroit Eviction Defense）的几个志愿者正在帮她清点封箱。有两人接受过一位厄瓜多尔的纪录片导演的采访。其他人领着韦恩县（Wayne County）微薄的时薪——底特律市位于韦恩县的行政范围内，把其他东西从韦斯特这所旧居拖出来，扔到路边的垃圾桶里。一位副警长特准韦斯特最后看一遍房子，也带我快速巡视一番。铺着粉红地毯的起居室；厨房，已经被新屋主打掉了一部分；这边的角落曾经放着她父亲的钢琴。68 岁的韦斯特已经在这里住了 60 年了，她看着小区的多数人口从白人变成黑人，历经暴动和警力压制，走过荣华与挣扎。她见证了小区如何走到今天这一步——美丽却腐朽：四五栋房子要么已经被木板封死，要么被搜刮废铁去卖的人破坏得满目疮痍；临街的店面大门深锁，窗户破损，屋顶垮塌。我们走出房子，副警长对聚集在草坪上的邻居、社运分子和路人说，从这一刻起，只有韦恩县的员工可以进入。

对于底特律和大部分美国城市的游戏规则来说，谢里尔·韦斯特一家在很多方面都是个异数。他们搬进来的时候，小区的每一栋房子，像其他许多小区一样，都有契约限制（deed restrictions）*，禁止非裔美国人买卖房产。即便如此，韦斯特的父母还是从一对期待离开这里的犹太夫妇手上买下了这栋房子，

---

* 指房地产使用上的限制，通常是不动产开发商、周围邻居或建设委员会设立的规定，以保证小区内成员或美学的一致性，也保障不动产保值或升值的可能。

成为这片街区的第一户黑人屋主。她父亲是底特律公立学校学区（Detroit Public Schools）第一位非裔音乐老师，她的姐姐则是因报道 1967 年暴动事件登上全国版面的非裔美籍记者之一。

"我们亲眼见证了那场暴乱，而且熬了过来，"她在草坪上跟我说道，"我总觉得又有另一场动乱在蠢蠢欲动。"

韦斯特和上万底特律人一样，在过去几年失去了他们的家：因为她无法缴纳天文数字的税金。随着越来越多的人离开底特律，城市服务要由越来越少的住户来买单。大部分的底特律居民很穷，却要被课房屋税来支付道路、管线等各项设施，房屋税每年高达上千美元，但那些房子的市值已经连一万美元都没有。

多年以来，底特律市和韦恩县任凭韦斯特和其他数以万计的市民欠税，却什么也没做。当韦斯特积欠的税金多到已经申请不到分期付款协议（payment plan），市府和县府就把房子强制扣押了。韦斯特告诉我，密歇根州有为想要保住自己家园的人准备的一套税制，但她因为技术问题（她因为在加州帮忙照顾还活着的亲人，将近一年没住在那栋房子）被拒绝了四次。事实上，一半以上申请的人都被拒绝了 [1]。谢里尔的房子在 2015 年被韦恩县在税务拍卖中以两万美元卖给一个年轻的非裔美籍女人，她在该街区已经有好几栋房子。谢里尔现在住在街角一个朋友家的顶楼，东西都还装箱打包着。现在又一栋房子空了，虽然只是暂时的。街区有许多破败的房子，空着的比有住户的还要多。

与此同时，7.2 区正发展得如火如荼[2]，至少相比底特律其他地区是如此。底特律总共有 5.3 万间空屋，但在那 7.2 平方英里的范围，包含市区（吉尔伯特村）、中城（苏·莫西工作的地方）、库克镇（菲尔·库利拥有地产的区域），三者之间还有三个位居其中的小区，超过 90% 的屋舍都是满的。2000 年到 2010 年间，底特律少了四成的总人口，然而 7.2 区少掉的人却不到一成。支持者认为此区变得更加多元。事实上，近年黑人人口掉了五成，白人增加了三成。底特律其他区域的住宅存量（housing stock）*持续下降，7.2 区却增加了 1300 户新单元，成长率 5%。2010 年到 2012 年之间，7.2 区有 65 个新建案完工，还有另外 65 个正在建造或规划当中。如果只看 7.2 区，你会以为底特律发展得不错嘛，看起来吸引创意阶层的策略真的行得通。

　　不过，毕竟激励和资源都集中在此区，它注定要恢复生机，而其他区域就慢慢在地图上消失了。上溯到 1990 年代，商业领袖和基金会的领导人鼓吹底特律将所有资源投注在 7.2 区，比起其他区域，此地人口稠密，建筑集中，离都市精英就业的摩天大楼更近。这些投入的资源近年确实发挥了功效，吉尔伯特买下市中心至少 80 栋建筑物。他把速贷办公室迁回市中心时，州政府给吉尔伯特减了 5000 万的税[3]，是密歇根州当年最高的租税奖励。2015 年 3 月，吉尔伯特买下市中心一栋具

---

* 指在特定时间内，一个地区所有的住宅单位数，包括有人居住、无人居住但供其他非住宅之使用及空屋等三种。

有代表性的装饰艺术（Art Deco）大楼，底特律市长迈克·达根（Mike Duggan）轻声说："很兴奋能由成功人士掌握这些产权[4]……吉尔伯特所做的一切对社群贡献良多，我真是太满意了。"

吉尔伯特投资的不只建筑——他组建了一支安保队伍[5]，每天在市中心巡逻，监管巨石创投旗下房产上安装的超过500只摄像头。监控中心设在巨石下辖建筑之一，在这里底特律市中心几乎每个角落都受到实时监控。安保队员和警方关系密切，配合韦恩州立大学资助的一支中城警力，保障底特律缙绅核心区连小奸小恶都降到最低。底特律市主要的大学院校韦恩州立大学提升警备阶权，认证60位校警拥有与一般警察同等的职权[6]。现在中城有60%的案件都由大学巡守队受理，平均响应时间为90秒。而底特律其他区域，响应案件的时间可能长达一小时，甚至连命案也是如此。

市政府的其他项目，吉尔伯特也分了一杯羹——M-1电车建设的1.79亿经费[7]，大部分都由企业和非营利机构承担，速贷也是其中之一。最大的金主克雷奇基金会（其宗旨是为低收入者创造机会）出资超过1/4。同时，吉尔伯特在活化市区公园和广场的建设里也有所投入。

为了实现一个千禧世代繁华都市的愿景，吉尔伯特还有其他一些比较低调的方法。康博软件（Compuware，隶属于速贷公司）、速贷、底特律能源公司（DTE Energy，底特律的主要能源供应商）和其他几家公司的员工，可以选择领取两万美元的免偿贷款来购买市中心的房子或公寓，或者 3500 美元的租金补贴。根据苏·莫西的情报，底特律中城公司也有一个类似的方案，中城的雇主们筹集了 1000 万美元资金，鼓励两千人搬到此区居住。现在中城的居住率已经达到 98%。

从补助中获得好处的人，也就是 7.2 区的时髦人士，似乎没有体认到他们被带往此区、留在那里所付出的成本。他们自诩为睿智的先行者，有办法让鄙陋城市的经济活络起来，却无视支撑他们生活方式和炫耀性消费的上亿金钱，可以让韦斯特等人留在自己的家园；也没有意识到自己从过去对他人的压迫中直接受益，而受迫者正是那群他们认为该"有点长进"的人。

底特律之所以成本低廉，为缙绅化创造有利条件，是因为从 1930 年代起，黑人就被全面拒于景气大好的汽车业工作机会之外，甚至连后来房市起飞时也不得申请郊区贷款。底特律的黑人往往最后才被雇用，崩盘时却第一个被解雇，他们被褫夺享用基本城市服务的权利。底特律市的种族地理分布，显示人口衰退的状况极度不平均，2000 年至 2010 年之间，白人人口减少了 35%[8]，黑人人口则只减少了 24%，底特律的重生，事实上是由这群穷到走不开的人支撑起来的。7.2 区就只能是个天堂般的补贴区，巩固长久以来政府津贴和财富分配的不平等。

当然，私部门和基金会的钱想怎么用就怎么用。苏·莫西说他们不用去承担公部门的责任，以保障底特律最穷的市民还能享有舒适的公园、良好的治安、交通、工作机会和住宅质量。社运分子也不是要他们担起这个责任。底特律的问题并不是因为钱都流入中城和市中心，而是一切成果都是凭空而来。在底特律缙绅化程度最高的区域，私部门和非营利团体简直已经取代了公部门。公共福利的缺席，令中城、市中心，或其他缙绅化的区域那些没有速贷薪资水平的人直接失去了社会保障。

说到城市步入初期缙绅化，出现以下这些就是征兆：约翰·瓦维托斯的鞋、酒吧15块一杯的鸡尾酒、咖啡店4块一杯的咖啡、席诺拉腕表、底特律单车——这些都是给有相当多闲钱的人准备的。而且就算店门口没写明老人和非裔人口不得进入，那缙绅化的美学和昂贵的价格也能发挥同样的效果。

"市中心能够奇迹般地起死回生，要大大归功于那些年轻的创意社群，他们在郊区成长，而今成为正宗的底特律人。没有人想把种族拉进来谈，我也不想，谈那个太扫兴了。"[9]《底特律新闻报》(Detroit News) 撰稿人诺兰·芬利（Nolan Finley）在2014年写了这么一段，"但这是个警讯，当你坐进一家市中心新开的热门餐厅，发现十桌里面有九桌客人都是白人，跟底特律本身的种族结构几乎完全相反。"

托尼娅·菲利浦（Tonya Phillip）是底特律西南区小区司法中心的执行主任，也是一名黑人，她对我说，新底特律很好，只是不适合她。

* * *

底特律近年的经济隔离现象，非营利部门和私人企业是主要推手，市政府各局处对 7.2 区也施加了巨大的影响。就在底特律申请破产的数周之后——理论上公职人员的退休金会被砍，各项服务也会减少——吉尔伯特前往白宫，说服奥巴马总统拨款 3 亿给底特律，其中 3500 万用于 M-1 电车线，1.5 亿用于全市废屋清除 [10]。我们并不准确知道这 1.5 亿已经和将要如何使用，但初期应该多数会用于拆除残楼破屋。这些房子会变成这样，吉尔伯特的速贷公司恐怕也要负点责任。多年来速贷都坚称他们不是在重蹈覆辙，不会导致如 2008 年金融海啸后，上百万人财产遭法院拍卖的结果。然而，《底特律新闻报》发现速贷名下的抵押房产，最后被强制拍卖的数量是全市第五，而一半以上的法拍屋现在都破败不堪 [11]。

关于政府挹注资源给 7.2 区，最离谱的例子可能是底特律市议会在 2013 年决议通过要帮底特律红翼队（Red Wings）*的老板迈克·伊利奇（Mike Ilitch）支付建造冰上曲棍球场的六成费用。伊利奇是美国比萨品牌“小恺撒”（Little Caesars）的拥有者，身家过亿，原本就已拥有一个体育场馆：位于底特律水岸边的乔·刘易斯体育竞技场（Joe Louis Arena）。新球场将会有住宿设施、办公空间、高档卖场，选址在中城区缙绅化最彻底的街区。这项工程将花费底特律市政府 2.6 亿美元 [12]，所有后续的场馆收入都归伊利奇 [13]。而原本这笔经费是要用在密歇根州公立学校上的，州政府说他们会想办法补差额 [14]，所以学生不会受到

---

* 底特律红翼队是主场位于美国底特律的国家冰球联盟队伍。

影响。但钱从哪里来，也是个未知数。

红翼队球场交易是底特律政府铺张浪费的特别案例，但却不是绝无仅有。市政府也曾给予马拉松石油公司（Marathon Petroleum）1.75 亿美元的税额减免[15]，让他们在市内扩厂，以此换来了 15 个工作机会。2012 年，市长办公室以 52 万美元的价格，将 140 公顷公有土地出售给另一个底特律大富豪[16]——金融服务业主管约翰·汉茨（John Hantz），汉茨承诺要将此地发展成一个绿树农场。不过很多人认为他提出的都会农耕构想，只是为了获取底特律中心区便宜土地的手段而已，最后都会变成用来获利的房地产。

给大富豪提供千奇百怪的补助，这种怪象不只底特律有。密歇根州也把政府收入的三成拱手送给私人企业[17]。在其他城市，运动场和棒球场一般都是政府买单，期待这些设施能够帮助活络城市，即便经济学家几乎一面倒地认为花公家的钱赞助私人体育场是最没有效率的经费运用方式。在一个垃圾回收、街道修缮和红绿灯都是奢求的城市，如此的用钱策略实在相当令人忧心。

"过去都用这种乱枪打鸟的方式。"底特律最大的开发商之一，同时也是底特律市中心伙伴联盟（Downtown Detroit Partnership）的 CEO 埃里克·拉森（Eric Larson）这么说。这个机构帮忙协调各种投入市中心的资金，也曾参与红翼队球场的交易协商。"但效果不彰，最后我们打算要把资源集中……先不谈是否赞同这个做法，如果我们不按部就班向大企业收他们该缴的税，城市就没有钱可以经营。"

另一个长期投入发展的人、身兼底特律河滨保育协会主席的马克·华莱士（Mark Wallace）用另一种方式形容："当我们把底特律变得更适合个人，就是让它更适合整体。"

然而，小区运动者致力于让涓滴发展的经济策略（trickle-down development strategy）发挥渗透效益的同时，开发者也使尽浑身解数跟他们唱对台戏。多年来，关注都市发展的社运人士一直尝试推动法令，要求底特律特大型开发案（包括红翼队球场）或受公部门注资30万以上的开发商，必须跟公众签订合约，保证提供地方工作机会和生活质量的保障措施，但所有的开发商都表示反对。密歇根州议会提出一个议案，试图全面禁止社区福利，而底特律是该州唯一一个倾向于支持该议案的城市[18]。

我问各家开发商和新底特律的支持者想跟那群觉得自己被这股复苏力量遗弃的人们说些什么——他们看着上亿政府经费、数十亿私募资金流转，却只有3%真正用于整个底特律，甚至他们还被驱逐了。所有人的答案都很类似：每个人最后终究都会受益的。

"没有什么会一夕得来。"尚·杰克森（Sean Jackson）是巨石创投的员工，和吉尔伯特交情匪浅。他某晚跟我说："我会说，就抱着希望等待吧。"

*　　*　　*

底特律不需要一场飓风来除掉穷人。在 7.2 区之外，可能也
不曾有过什么天灾或军事政变，但我曾听过有人用南非的种族
隔离来比喻底特律的情况，称之为"无水的卡特琳娜"[19]。7.2
区有上亿美金流动，但其他区域，所谓无利可图的底特律，却
正血流不止。

上述形容听来耸动，但也是那些参与了底特律毁坏历程的
人，共同导致这般戏剧化的修辞。除了新建的市中心和中城之外，
底特律已陷入危机。底特律的收入中线约 2.5 万美元[20]，大
概只有全美平均值的一半，但它的贫困率却高出全国其他地方
三倍。

底特律的失业率将近 25%[21]，是其他大城市的两到三倍。
而且底特律的水费是全国最高的（平均每个月 70 美元，而全国
平均值是 40 美元）[22]，几乎有 1/4 的人口付不起水费。2014 年，
底特律对欠水住户停止供水，上千人没有干净的水可用。联合
国的专家称此举违反人权[23]。

如同美国其他地方一样，底特律从 2000 年以来也受到次贷
危机的冲击，情况还更加严峻。2005 年，底特律人有 68% 的贷
款都是次贷[24]，而全国平均值是 24%。吉尔伯特的速贷公司发
放了部分贷款，其他贷款则是由几家银行贷出，这几家银行甚
至在底特律破产时，要求底特律政府削减公务员退休金来偿还
债务。如今，底特律一半以上被抵押的房子都毁弃荒芜，它们

几乎全部都位于城市的外缘。韦恩县也卷入了这波大出走（mass exodus）。然而即使很容易用 5000 或一万美元就购得底特律某些街区的房子，底特律的房地产市场估价仍然居高不下，或者说至少不像穷途末路。有的人为了一栋市价只有七八千的房子，每年要付出三四千美元 [25]。很多人认为他们不该缴那些离谱的房屋税，既然大部分底特律街区一直到近期都没有因为缴税得到相应的服务，比方说红绿灯或定时收垃圾。市民的冷漠、高税率，加上本身就已困窘的经济（底特律的人均所得不到 1.5 万美元）[26]，遭遇税务和止赎危机不可避免。底特律所在的韦恩县坐视不理欠税多年，金额持续累积，最后很多人都付不起。直到 2015 年，许多家庭拖欠的税款已经高到超过一万美元，韦恩县才开始严格取缔。当年县政府强制征收、拍卖了 3 万栋房屋，里头起码有一万户霸王屋。之后的几年肯定也不遑多让。

"我们一直拖，显然让事情变得更复杂，"在县府协办的减税活动上，韦恩县财政局副局长戴夫·西曼斯基（Dave Szymanski）对我说，"公平吗？这就是现实。房子实在太多了。"

要完全掌握底特律外围区域的变化程度很困难，都市扩张得太快，你可能不会注意到有些房子已经废弃，而城市另一角的街区正要发芽。不少区域状况实在惨到人人都可以觉察。2015 年 1 月的科博中心（Cobo Center）就是个例子。

科博中心位于底特律河滨，是政府出资建造的会议中心，在全美的规模已经算是数一数二，但底特律市还想投入 3 亿来扩大这个场地。这里常常有博览会、大型集会，每年的底特律车展也固定在此举行。2015 年 1 月，整个礼拜就集结超过 1 万人，他们为了救家园放手一搏，大部分人准备和县政府协商纳税方式，有些人则是来向非营利机构求些指点（不是直接给钱），好与房东、县政府和银行打交道。

科博中心的名号，用来形容当前住民经历的崩坏，贴切得有些悲情。科博中心的命名来自前底特律市长阿尔伯特·科博（Albert Cobo），他于 1950 年到 1957 年任底特律市长，无论在发言还是在政策上都是恶名昭彰的种族主义者，曾经发起反"黑鬼入侵"运动。许多人认为底特律没落是因为白人出走（white flight），但很少人点出科博就是始作俑者之一，他极尽所能促成这一切：强行把公共住宅集中在市中心区，拒绝修建集合型公宅，支持兴建通往郊区的高速公路，一手造成都会区非裔的贫穷和富有白人的离开 [27]。

2015 年 1 月，在以科博命名的会议中心里，上千底特律居民在宽敞大厅的折叠椅上耐心地排队，从他们的脸上，可以看出对数十年来恶劣又充满歧视的住房政策的反应。每个人从一台红色机器抽出一张号码牌，感觉很像准备点餐。他们被一一叫号，坐进一张折叠桌，与韦恩县财务部的代表面谈，研拟出税金支付方案。大厅里几乎每个人都是非裔。

"全都是黑人。"一位社运参与者评论道，她帮助房子被法拍的人想办法找出路。"谁是首脑？谁促成了这一切？这一切不可能无中生有，这种规模的事不可能凭空发生。"

科博中心里确实也有些好消息，52 岁的厨师加里布埃尔·麦克尼尔（Gabriel McNeil）就和韦恩县协商成功，将他欠的税金从 1 万美元降到 6000 美元，他得先预付 653 美元，月付费用则从 250 美元降成 66 美元。

"我可以靠捡饮料空罐来付税金，"加里布埃尔说，"轻松了。"但科博中心里，气氛还是普遍低迷。44 岁的兼职代课老师克丽丝特尔·马隆（Krystal Malone）去年花 1 万美元买了房子，没料到房屋税竟然高达 5000 美元，导致她现在欠下 9000 美元的债务。

"为什么得花这么多钱？"她问，"对街的房子全空了。1 万块的房，每年却要付 5000 块的税，这说得通吗？"

卢拉·史密斯（Lula Smith）从 1956 年起就住在底特律，丈夫过世后她开始拖欠税款，2011 年她被诊出罹患甲状腺癌。过去几年她多次试着申请税金支付方案，这次她来到科博中心孤注一掷，最后县政府决定将她每月款项降到 300 美元。

"至少这表示他们在乎，"她说，"我觉得他们真的在想办法帮忙，我会相信他们，直到他们证明我信错人。"

对很多底特律人而言，县政府的援助来得有点晚。底特律在 2000 年到 2010 年之间已经损失 23.7 万人 [28]，把原因归咎于经济很简单，但其实大部分出走的人只是搬到底特律边界对面的郊区，不那么残败，税更低，路更平，照明更佳，警力充足。韦恩县旁边的马柯姆县（Macomb County），从 2000 年到 2010 年间黑人人口增长了三倍。还留在底特律外围小区的人，要么是经济能力不允许，要么是还在为居留的权利抗争。

迪萨·布赖恩特（Disa Bryant）48 岁，就是上述两种情况中的一员。2004 年她继承了阿姨的房子，地点在人人称羡的俄林区（Russell Woods）。当时她在密歇根政府的病例档案部工作，然而 2008 年的金融危机迫使密歇根缩减预算，她就被解雇了。欠税多年后，2014 年县政府将她的房子列入了拍卖名单，她想以 5000 美元买回，但有个投资客出价 8000 美元，高于她的报价。如果迪萨付不起每月 1000 美元的租金，那名投资客就会想方设法把她赶走。

"只是因为某个人出价最高就随便卖，实在太糟糕了，"她说，"我们家族住在那栋房子 40 年了，他们为什么不买间空屋，反而要让人流落街头？"

针对布赖恩特的问题，有个恶意的回答。底特律迫迁防御的成员某天解释给我听：底特律可能有成千上万的空屋，但有人住的通常会维护得比较好，屋顶修整过，地板、灯光、花园都由现住民打理得好好的，所以把人踢走是门好生意。而且你没办法准确地知道像是布赖恩特的房产最后被谁买下，当然有些买家是个体户，但大部分买家看起来都是小型的有限责任公司。迫迁专家乔·麦奎尔（Joe McGuire）告诉我，过去数年有无数小型投资团体进驻底特律，大量抢购房地产。他们的营业地址多半是某个人的家，虽距离很远但有网络实时联机，擅长厘清底特律的迫迁名单。

"跟大银行打交道其实比较容易，"麦奎尔说，"大银行的游戏规则很清楚，他们只在乎钱，但现在这群人只是一群小家子气的疯子，跟他们往来，会离真正的改变越来越远。如果你赢了，你也只是赢了拥有七间房子的某人，而不是赢了美国银行（Bank of America）。"

肯尼·布林克利（Kenny Brinkley）和桑迪·库姆斯（Sandi Combs）正面临这样的情况[29]。布林克利是摩城（Motown）知名的萨克斯手，2002年心脏手术之后他找不到工作。2010年，他和库姆斯拥有的房子被法拍，买主底特律物业公司（Detroit Property Exchange，该公司宣传自己的电话号码是1—888—翻转—底特律）建议他们夫妇可以支付租金来买回他们的房子。但四年之后，他们发现自己付了钱，包含房屋税，根本血本无归。那栋屋子又再度被拍卖，这次被加州一家名叫苏塞克斯的房地产公司（Sussex Immobilier）买下，苏塞克斯一直试图要赶走里头的老人，底特律迫迁防御目前一边想办法延后判决时间，先让老人留在原住处，一边试图找出苏塞克斯驱离文件的瑕疵。

我拜访布林克利和库姆斯朴素的家，布尔克利说迫迁迫在眉睫，他无法谈太多，因为他实在太害怕了，心脏病可能会发作。我坐在他们起居室褪色的长毛绒沙发上跟库姆斯谈话，这间房子住起来很舒适。照片、植物、小饰品、布林克利还在演奏时期的纪念品，占了几乎所有的空间。光是要雇个人来把这些所有东西移开，可能就会贵到让布林克利和库姆斯负担不起。

"任何一天都有可能，"库姆斯说，"他们会开来一辆垃圾车，然后把所有东西当成垃圾丢掉。"

我跟库姆斯谈话时，布林克利似乎试着想借着踱步、擦洗厨房、给植物浇水，让自己镇静下来。过了一会儿，虽然他刚说过不想讲，但还是小心翼翼地靠近库姆斯和我坐着的沙发。

"我想让自己忙一点，才不会乱想，"他说，"但其实我应该面对它，它已经在那里了。"

这正是底特律外围地区的状态：迫迁的威胁感、停水、压垮人的贫穷、越来越少的政府服务。一个接一个的研究记录下贫穷者的压力和沮丧[30]，在这里感觉很明显。人们不安、恐惧、忧心、充满无奈——而且不止一个小区，整个城市都这样，7.2区核心区除外。这里的人觉得被遗弃，被逼到极限，而且无所适从。

离开底特律几个月后，我听说库姆斯和布林克利被强迫离开家园，好几组新屋主带着链锯前去，砍倒了这对夫妇几年前在前院种下的大树。同一天，布林克利心脏病发作。几天后，某个非营利组织宣称他们为这对夫妇在底特律非常偏远的地区买了一栋新屋，并在市中心铺着地毯的会议室办了一个小小的庆祝会。地方媒体形容这是个完美结局。

第 **6** 章

白纸状态怎么来的？

底特律西北区的一个小社区公园——阿方索·韦尔斯纪念游乐场（Alfonso Wells Memorial Playground）后方，有座绘有彩色壁画的水泥墙。今日看来，这堵墙似乎只是刚好在那里，除了街道上的草之外，也没隔开什么东西。但它的存在是有原因的：1930年代后期，某个开发商想通过联邦政府的房贷险取得低利率房贷，然后在白人社区开发一片住宅区。联邦住房管理局（The Federal Housing Administration）认为该区域的房子离"不和睦"的种族太近，因此不得申请房贷险。为了满足申请资格，开发商建了这堵高1.8米、厚30厘米、长800米的墙，隔开白人与黑人小区。几个礼拜后，联邦政府核准了这项申请。

该怎么解决一个跟美国历史一样漫长的问题？绅绅化也许是晚近的现象，但地理学家尼尔·史密斯发现这只是"空间跷跷板"的延续——资本向潜在利益高的地方流动，之后当那里不再赚钱，资本就再流向他处。房市永远都在寻找新蓝海，提升可能的收益。50年前，那个地方还是郊区，今天已经变成城市。但那只解释了一半，要了解城市为什么急欲投入，就要先搞懂它们当初是如何与房地产投机者达成交易的。这听来有点像是废话，但如果没有缙绅化的条件，缙绅化也不会发生。真正地理上的公平就是没有一处能被缙绅化。因此，缙绅化的首要条件就是区域的发展不均。

2014年芝加哥大学布斯商学院（University of Chicago Booth School of Business）的一项研究发现[1]，已缙绅化区域周边的贫穷小区，缙绅化的速度比邻近的中产区域快上许多。和史密斯的租隙理论若相符合，经济因素是最主要的：缙绅化的地区如果本来就便宜，就更有赚头。所以真正的问题是：这些地方为什么变得那么便宜？

美国长久以来一直以明显的种族区隔和住宅政策，夺取穷人拥有适当居住空间的权利。缙绅化的先决条件是先要有低廉的不动产，区域在完全缙绅化之前，已经先因为缙绅化的历程被榨干；从美国的公共住宅史，可以看出它们刻意集中有色人种，之后便不照顾他们的生活。

说到美国住宅的不平等分布，很少人会有异议。只要开车在任何一个美国的大城市兜一圈，富人区和贫民区显而易见，铁轨、高速公路隔开西裔和白人小区，隔开黑人和亚裔小区。大部分人并不会想到这些大型建筑开发规划通常发生在所谓的"问题小区"，富人的房子往往位于外围郊区而非市中心。因为全美每一个城市都有上述的共通点，人们便内化了地理上的不均等，认为这一切都自然而然，再正常不过。但再看仔细点，便能窥见那股更巨大的、由上而下分配美国城市的人群和财富的力量。

城市也许看似混乱，但其小区的区位、布局和构成往往是精心规划的结果。社会学家道格拉斯·马西（Douglas Massey）和南希·登顿（Nancy Denton）合著的《美国种族隔离》（American Apartheid）一书提出清楚证据，说明有色人种从南方郊区大量移入北方城市，即使他们拥有公民权，也不缺财富，美国城市的居住隔离情况仍然存在，甚至还在恶化。

马西和登顿用"隔离指数"（index of dissimilarity）来评估美国城市街区的种族隔离程度[2]，以黑人在城市内迁移的百分比为计算依据，从每个街区推估全市的人口情况。百分比越高，表示隔离程度越高。研究者发现，美国的城市在 20 世纪之前是高度融合的，1860 年南方之外的几个大城市——波士顿、纽约、费城、旧金山等——平均隔离指数是 45.7，意味着大约 46% 的非裔美国人必须搬进不同的街区，才能集中聚居。几个南方大城在 1860 年聚居的情况更明显，平均指数是 29。到了 1910 年，北方城市的平均指数几乎达到 60，南方城市则是将近 40。都市隔离程度变得更高了。1940 年，南方城市的隔离指数达到 81，北方城市则是 89.2。换句话说，北方城市里 89.2% 的黑人必须迁移，才能找到适合聚居的城市。1970 年，全美的隔离指数高达前所未有的 79%，值得注意的是，北方的隔离情况加剧，跟南方成千上万的黑人来到以工业为主的北部城市寻找就业机会有关。换句话说，来到城市的黑人越多，隔离的情况就越严重。

过去 50 年，隔离情况稍有改善，但幅度不大：2010 年隔离指数掉到 60 以下 [3]，还是没有一处是真正有办法融合的。底特律的隔离指数依然将近 80，是美国种族隔离最严重的城市。关于有色人种即使在日常其他领域获得权利，美国的隔离情况还是越来越严重，马西和登顿认为可能的解释只有一个：空间隔离是美国白人刻意制造的。

底特律并非局外人——美国的每个城市都受到种族隔离的影响——但住宅隔离的结果在底特律清晰可辨，这里就是美国种族隔离贻害的绝佳范例。

"二战"后经济复苏 [4]，成千上万的黑人来到底特律的战舰和汽车工厂谋生，却举步维艰。黑人搬进白人为主的社区，往往受到暴力威胁，1942 年《生活》（Life）杂志一篇报道的标题是"硝烟底特律"，文中写道："底特律可以炸毁希特勒，也可以炸毁美国自己。"

1943 年，住宅、治安、就业歧视等各方面的种族冲突一触即发，演变成底特律史上最严重的动乱。多名黑人、白人丧生，而白人背后有警察撑腰。骚乱尾声，有 1893 人被逮捕、700 人受伤、34 人丧生，其中 25 名死者是黑人。17 人被警察射杀身亡，全都是黑人。

动乱占据报纸头版，但这还不是这个城市种族冲突的唯一案例。底特律的黑人无论在"二战"期间或战后，生活各方面都受到种族暴力和歧视对待。底特律的经济繁荣了，但工会仍然试图禁止黑人入会，汽车工厂只雇黑人做高危险又低薪的工作。

公会和企业极尽所能让底特律的黑人居民成为经济弱势，政客和白人住民也极力让这群黑人聚居在经济最困窘的街区。1940 年代白人社区的街上常常会有几面大大的布告栏，警告黑人离开，大部分布告仅写着"白人专用"[5]，西区的一块板子写得更过分："搬来这里的黑鬼会被烧死。邻居留。"

住宅暴力持续不断，1960 年代情况甚至愈演愈烈[6]。每当有黑人搬到新街区，他们的草坪常常被纵火，有时房子还会被烧毁。白人社区的黑人新住户常被丢石头。1963 年，底特律发生 65 件住宅暴力事件，但很多案件并不会上报，所以这个数字很可能只是低估。

还有一些让黑人远离白人社区更微妙但有效的方法[7]。1940 年代，社区发展协会常以限制性的合约细则来排除黑人，合约有时候很浅显直白，有时候则是列出非白人几乎根本办不到的条件，比方说：若要搬进某个底特律的街区，该迁入者的老板也得在申请书上签名；某些街区只有现行居民的亲戚才可移入。另一个底特律西北区的街区规定，该地区的地产"不得被白种人之外的任何人使用或占领"。底特律市中心外 80% 的土地在"二战"后都出现类似的规定。现在一般人印象中帮助社区美化的良性组织"社区改善协会"，当初在底特律和其他地方兴起时，其实是为了把黑人赶出富有的白人区。

底特律的不动产中介也在这个城市的种族隔离中推波助澜。如同其他地方一样，他们也遵循美国国家房地产协会（National Association of Real Estate Boards）的准则，直到 1950 年，规章里明确规定房地产经纪人"不可帮助任何人长期持有或短租小区物产，无论任何种族、国籍、行业，凡显著不利于不动产价值者，皆不服务"[8]。底特律周围郊区也致力于集中贫穷的黑人人口。迪尔伯恩（Dearborn）离底特律西边只要几分钟车程，1941 年奥维尔·哈伯德（Orville Hubbard）以要让城市"洁白如百合"的竞选口号当上市长（后续还连任了 14 次）[9]，他曾说："黑鬼的居住问题是底特律的大麻烦。"底特律东边的格罗斯·波因特（Grosse Pointe）给想购屋的人安排了一套评点制度（point system），潜力住户会根据他们的"黝黑程度"被扣点，犹太人必须得到现有住户的个人担保才可以迁入，黑人则根本一点机会都没有。

前底特律市长科博对社区里难以计数的种族分化也难辞其咎[10]。他在 1949 年当选的时候，承诺要将低收入户隔绝于白人社区之外，于是很快开始推行隔离政策。科博给某些社区协会的领导人在市政府里安插了重要的职位，甚至包括都市规划委员会，只因为这些人在社区条例中加入种种关于种族的限制条件。市长辖下消弭底特律种族冲突的类政府单位"种族委员会"（Interracial Committee）对科博的政策，特别是科博不愿整合低收入户的公共住宅一事提出抨击。该委员会在科博上台之前就已成立，他们认为科博"唯一的目的就是要再造黑鬼贫民窟，使其永世不得翻身"。科博后来就把委员会解散了。

地方政府即便抱持着类似科博等人的种族歧视，也仅能在各自的范围内施力，只有联邦政府有权力鼓励、强化全国的种族隔离政策，但联邦政府不像科博会明目张胆地宣扬种族主义是终极目标，反而用经济繁荣和个人消费选择的文字游戏来掩饰种族主义。

1931 年经济大萧条时，胡佛总统（President Herbert Hoover）邀集了四百多位住宅专家，召开住宅营造和住宅权的国是会议，希望通过住宅方案扭转美国的经济颓势。胡佛曾说："我相信持有住宅的渴望在美国人心中根深蒂固，上万租赁廉价公寓、套房的租户……也希望有机会拥有自己的房子。"[11]

胡佛邀集的住宅专家群也同意政府若推动住宅自有，有助于美国经济复原，因此他们建议胡佛推动如今人们习以为常的购屋贷款。在胡佛的住宅会议之前，偿还期多于 10 年或 15 年，且利率还低的贷款几乎闻所未闻，银行担心借贷者无法在短时间内还款。新的贷款方案延长了还款时间，降低了还款条件，让之前买不起房子的家庭也能够买得起。

两年后，经济萧条的情况更为严峻，胡佛下台后，新总统罗斯福继续利用胡佛的贷款策略，成立屋主贷款公司（Home Owners' Loan Corporation, HOLC），提供胡佛推动的低利率、金额小的贷款给即将失去住房的家庭。这么做有经济上的考虑：无法贷款的话，许多人的房子就会被法拍，如此美国的经济将更加恶化。1933 年 7 月到 1935 年 6 月之间，屋主贷款公司成交的贷款超过 100 万笔，总额超过 30 亿。由于联邦政府介入私人贷款有很高的风险，屋主贷款公司不能说借就借，因此他们发展了一套完整的评估系统，来评估借贷人的还款能力。那套系统带有十分露骨的种族歧视。

每个主要美国城市的街区都被用 A、B、C、D 分类，分别有相应的颜色：绿色、蓝色、黄色或红色。被屋主贷款公司认定"同构性"高的区域，充满新建设和"美籍商业人士和专业者"，在地图上被标记为 A 类。凡是被"犹太人渗透"或其他少数族群的小区，就没办法被归为 A 类，没办法得到绿色。小区里有老旧半毁的房子也会扣分。蓝色的小区在政府官员心目中是次一等的投资标的——可能有一些犹太人，房子间距太小或有坍塌现象。归类为黄 C 的小区被认定为"显著衰退中"，通常这些小区都在市中心种族混杂的区域。政府官员给红 D 类小区的定义是"已经历过发生在 C 类小区的状态"，换句话说，也就是有种族整合和贫穷的情况。几乎全国所有以黑人为主的小区都分到 D，在联邦政府的地图上都被"标成红色"（redlined），被拒于官方贷款之外。当几乎每家大银行都采纳联邦政府这套制度，这些标记成红色的地图让情况更雪上加霜。屋主贷款公司成立的头几年，如果你是黑人，几乎不可能在美国获得任何贷款。

1934 年，罗斯福总统设立了联邦住房管理局，10 年后，新成立的退伍军人管理局（Veterans Administration, VA）创立了一个新的住房计划，也投入其中。这两个方案的目的，除了要让更多美国人拥有属于自己的家，也希望能借此挹注上亿资金到建筑业中，以振兴美国了无生气的经济。

"美国的建筑业无疑是失业率最大的单一单位，"1934年某位住宅部门的官员如此告诉国会，"支付这笔账的根本动机就是要让人们有工作做。"

跟屋主贷款公司不同，联邦住房管理局和退伍军人管理局并不提供抵押贷款，相反，它们创立了一套官方制度，为银行贷款提供保险，这是美国史上的首例。只要符合联邦住房管理局的建造标准，假如银行贷款不足，政府就会担保贷款，如此银行便有能力做其他风险更高的投资，或者提供更大金额的贷款。当代抵押贷款行业基本上就是这两个机构促成的。

屋主贷款公司让支付较低首付开始成为贷款的规则，而联邦住房管理局让美国人只要少许的自付金就能够买房子的想法更根深蒂固。联邦住房管理局成立后，首付普遍只要20%甚至10%，刺激房地产之外，也形成一群有能力一夕之间搬进独户住宅的新阶级，等着房子增值用钱生钱。1933年，建筑业有9.3万户新屋[12]，1937年，就在联邦住房管理局成立仅仅三年之后，房屋数就上升到33.2万户。1941年，64.1万户新屋投入建设。"二战"之后，营造业更是一片大好，美国在1945到1954年之间增加了1300万户，1946年到1947年间，有40%的新增户数都是申请退伍军人贷款购得。

联邦住房管理局、退伍军人管理局、屋主贷款公司显然都依种族来决定是否通过贷款。联邦住房管理局制订了一套规则来判定贷款给哪些区域比较有利，1939年的核保手册这么写："拥挤的小区会降低吸引力""老旧屋产很可能加快中下阶层占据街区的速度"。手册也明确规定人行道外墙缩进和房屋的基本宽度，不允许空间混合使用——像有店面的建筑就不甚理想。街区应该是纯粹的住宅区、商业区、工业区，遵循当代都市规划的理论，认为开阔和宁静一定就好，拥挤和混乱一定不妥。很难区分联邦住房管理局的美学标准是纯粹出于美学考虑，还是有其他幽微的方式来加深种族隔离。比方说，在密苏里州的圣路易斯（St. Louis），土地从1910年代和1920年代就开始使用分区管理法[13]，目的是让白人住民留在价值高的纯住宅区，将贫穷的黑人住民往功能混合的市中心推。先不管联邦住房管理局的目的是什么，它的分区偏好意味着城市里多功能、多种族的区域，像圣路易斯，大部分都不符合住房贷款的资格。

联邦住房管理局的核保手册也有类似屋主贷款公司针对种族的露骨规条，"假如小区要保持稳定，物产就必须持续由相同社会阶级及种族者持有"。手册中也建议，希望符合贷款资格的街区严格执行如底特律的合约，禁止有色人种进驻新街区。

联邦住房管理局的手册恐怕是美国都市史上最不友善的文件案例。联邦政府几条关于分散（anti-density）和种族区划的主张，造就了独立郊区，形成市中心几近撤资的状况。营造业要在市中心盖屋阻挠重重，假如他们想得到贷款融资保险，就完全不能在市区盖房子。市区人口稠密，功能混杂多元，在联邦住房管理局的眼中，这些特质完全不适合盖新屋。

若认为这套指导方针太拙劣，或者视之为民智未开的产物而嗤之以鼻，可能还单纯些，但联邦住房管理局完全知道这么做会有什么样的结果。1939 年一份关于华盛顿特区（Washington, DC）的备忘录里[14]，联邦住房管理局承认他们的做法最后会把贫穷的黑人集中在市中心，并把经济状况较好的白人外推到郊区："'向上过滤'（filtering up，也就是白人移往郊区的现象）的过程持续发生，而黑人也倾向于聚集在华盛顿特区，两相加总之下，必定会导向这样的结果：最后特区会住满黑人，白人家庭则会移往周边的马里兰州和弗吉尼亚州。"

不过联邦住房管理局多年来都没调整他们的方针[15]，银行也是跟着走。关于 FHA 联邦保险贷款的整体资料不多，但针对个别城市的调查却显示联邦住房管理局影响深远。比方在圣路易斯市，1934 年到 1960 年之间联邦住房管理局只通过了 12116 笔抵押贷款，而圣路易斯郡（圣路易斯市的郊区）却有将近 6.3 万笔联邦住房管理局支持的贷款。长岛纳苏郡（Nassau）涵盖了纽约市许多郊区地段，获得 8.7 万笔贷款支援，布朗克斯郡（the Bronx）则获得了 1641 笔。

联邦住房管理局的种族政策已经行之有年，举例来说，晚近的 1966 年，新泽西州的肯顿（Camden）或帕特森（Paterson）市中心根本没有联邦住房管理局支持的贷款，但 1950 和 1960 年代郊区的房子一半以上都受联邦住房管理局和退伍军人管理局补贴。

联邦住房管理局对郊区的偏爱，以及拒绝承保几乎所有黑人小区，将贫穷锁在市中心，也让非裔美国人继续陷入贫穷。在如底特律这样的战后新兴都市，黑人要找到工作或获得合理的报酬已属不易——导致他们比白人低薪，钱又被套牢。FHA联邦保险贷款加剧了黑人的劣势，白人蜂拥至郊区，迫使黑人回到市区。这样的窘况，因为黑人被排除在郊区之外，工厂工作机会（特别是底特律的汽车工业）跟着白人一起迁往郊区而进一步加剧。1946年到1956年之间，通用汽车（GM）、克莱斯勒和福特汽车花了将近80亿盖新工厂[16]，几乎全数都在底特律郊区。去中心化发生得极为快速，1950年代朝鲜战争时期，军事装备的订单涌入，只有7.5%的采购发生在底特律市区之内。非裔美国人基本上刻意被拒于这些工作之外：他们不能住在郊区，也负担不了开车到工厂上班的交通花费。

底特律，或说，全美国的黑人，不仅被推入市中心，也因为针对种族的郊区政策而动弹不得，却又被"都市更新"推离市中心。联邦政府出钱盖的高速公路在"二战"之后切过底特律，公路不只加速白人移居城郊，地方政治人物更视之为"铲除贫民窟的便利手段"[17]。底特律强迫厄特大道（Gratiot Avenue）沿线某区近2000户黑人家庭搬离，只为了除掉城市里消耗税收比付出多的区域。前底特律市长科博称都市更新为"进步的代价"[18]。

*　　*　　*

　　长久以来的种族隔离，后果就是黑人变得更穷，更无法企及白人的成功。研究非裔美国人种族隔离状态的《滞于其所》（*Stuck in Place*）一书里，纽约大学的社会学家帕特里克·夏基（Patrick Sharkey）发现[19]，过去 50 年非裔美国人的收入几乎没有任何增长。中产阶级家庭的白人孩子预期薪资平均是 7.4 万美元[20]，比他们的父母多 2 万美元；黑人孩子一年的预期薪资则是 4.5 万美元，不仅显著少于白人，甚至还比上一代中产阶级黑人家庭的平均收入少了 9000 美元。中等收入的黑人孩子有一半掉出上一代的经济阶梯之外[21]，而白人孩子只有 14% 掉出。

　　夏基认为合理原因只有一个："当白人家庭的经济位阶前进的时候，他们有办法将这个经济优势通过在优秀学区和良好环境的小区置产，转换成空间优势。"[22] 这点对大部分的黑人家庭根本是天方夜谭。

　　美国长久以来的种族化住宅政策，看似跟当今缙绅化现象沾不上边，但这两股力量却殊途同归：假如黑人能够像白人一样，借由房产获致同样的成功，缙绅化就不至于和种族绑在一起。事实上，缙绅化支持者打的算盘，就是要有意地摧毁黑人的城市生活。

　　媒体、嬉皮士、艺术家一次又一次形容底特律是"一张全新的白纸"（blank slate），忽略了此地留存的 70 万居民，也忽视了这个"白纸"状态是建构于世代以来残酷的种族分野之上的历史事实。缙绅化参与者占了低廉租金的好处，而这租金是因为种族化的住宅政策而生。这也让缙绅化支持者和主流媒体大肆鼓吹缙绅化是拯救衰亡街区的论调。美国第二大银行摩根大通（J. P. Morgan Chase）首席执行官杰米·戴蒙（Jamie Dimon）2014 年曾宣布将在底特律市中心投资一亿美元 [23]，媒体褒赞他敢于冒险。我们也看到吉尔伯特被视为英雄 [24]。这当然掩饰了如下的事实：类似的机构——通常就是如摩根大通这样的老牌银行——也在毁坏底特律一事上添砖加瓦，让贫穷的黑人更加贫穷。士绅们也许看见了底特律的种族不平等，但很少有人正视不平等的来源。他们通常来自有能力离开底特律的白人家庭，受到联邦政府的变相资助——高速公路或低利率贷款皆然，而黑人家庭几乎不可能得到这些贷款。

而今，就像几个世代之前，即便空间分布有所反转，相同的驱力仍在运作：白人受到地方政府、州政府、联邦政府的资助在城市里重新落脚，而黑人住民却遭到忽视，甚至强迫外迁。50 年前，政府补贴上亿兴建高速公路和郊区住宅，而今上亿元则用于体育场和独立公寓的税赋减免、整修店面和住家、修建汽车道和单车道。

缙绅化区域时常被认为更优于郊区：不像郊区都是白人，空间规划既不永续又一成不变，缙绅化区域有的是密集化、都会化、多样化的城市景观。但实际上缙绅化的推进与郊区成型的过程别无二致，只是换了一个名目。积年累月的带有种族歧视意味的补贴、为富有白人开放特权的政策、对贫穷有色人种的视而不见，一切都毫无变化。跷跷板只是换到了另一边。缙绅化不代表郊区玩完了，或城市变得更异质。它意味着不平等的空间表征正在重新分配，缙绅化不是整合，而是一种新的隔离。贫民区的边界正在重新界定。

＊　＊　＊

劳伦·胡德（Lauren Hood）在底特律长大[25]，她是黑人，在新旧底特律两个世界之间游移。之前她担任底特律最炙手可热的地产数据公司拉夫兰（Loveland Technologies）的社群开发经理，拉夫兰开发了一套软件，让住在底特律市或任何有网络的人都可以在线查看底特律所有土地的详细情况——所有者是谁、衰败的状况（需要拆除吗？在使用吗？），通常还会附上照片。拉夫兰的这套软件供给全市使用，支持的资金来自几个缙绅化的推手，其中就有吉尔伯特。

胡德告诉我，她没有办法从工作中获得成就感，所以最近辞职了。但她拥有的仍然少人能及：身为黑人，她是关于城市的专业人士之一，而且住在 7.2 区。但她也属于底特律的另一边，该区的人因为政府近年高捧 7.2 区，以及根深蒂固的种族主义，正面临离开家园的命运。

胡德是第四代土生土长的底特律人，她的父母当年是成就底特律的黑人中产阶级之一，她母亲在州政府担任行政职务，父亲在通用汽车工作。胡德眼看着承载他们一家的底特律几乎消失，她自己置身其中的新底特律似乎一夕之间形成。

"我塑造了詹金斯小姐这个角色。"胡德边开车边说。我们沿着底特律的主要干道伍德沃德大道前进，从市中心，经过中城，一路向外到城市外围衰败的住宅区，最后到达郊区。"如果人们说：'噢！发展，对底特律人是好事啊！'我会说：'对你来说可能是好事，但对詹金斯小姐呢？她已经住在这里好几十年了，东边有得住吗？你说这些改变对底特律好，但对哪部分的底特律好？'"

从伍德沃德大道离开中城的这段，胡德指给我看她的工业风公寓，离将动工的冰上曲棍球场和娱乐综合大楼只有几个街区，这些建设都仰赖新区的税收。她要我看 M-1 电车铺好的铁轨，看废弃空壳转成的豪华独立公寓。当我们驶离市中心，她要我看各种东西：倒闭的商店，焚毁的房子，一些莫名的生机，比如萧条的街区上一片平整的草皮，或是空寂的街上仍有一家营业中的服饰店。

"我小的时候，这些店都还开着，"她说，"所有人都有安稳的工作。到底发生了什么事？"

我们一路往北开，伍德沃德大道沿路的风景变得越来越荒凉，天渐渐黑了。路的两边基本上没有还在营业的店家，周围的车好像一心只想加速开往郊区。

最后胡德驶离了伍德沃德大道，左转进"七英里小区"（如同其名，这个小区离底特律市中心的距离有七英里）附近一个破旧不堪的豪宅区。接着她又拐进一个树篱围起的住宅街区，夹板、铁链、大锁取代了大门——这是为了杜绝拾荒者窃取铜线。没有夹板的房子已经被大肆搜刮，变成仅存破铜烂铁的无用空壳。窗户没有玻璃，路边也没有灯。胡德在一间转角的房子前停下，这栋房子有两层，简约合宜，在大部分美国工业城市的时髦小区中并不显得突兀。房屋的边缘有些腐朽的痕迹——油漆斑驳，窗户碎裂。但至少还有人住，她说，接着她告诉我："我就在这里长大。"

胡德每几个礼拜就回来检查房子，对她来说是个提醒自己正在为何而战的仪式。她觉得自己有责任确保她儿时的家园没有像周遭的房子那样崩毁解离。

"我在想这一切发生得有多快，"胡德说，"我们的关注究竟放在什么地方？没注意到人潮离开、屋产倾颓？感觉一切变化只在一夕之间。"

假如胡德要找一位詹金斯小姐，她母亲伊达可能就是人选。对伊达·胡德和她的丈夫劳伦斯来说，底特律从来就不太友善。但他们年复一年坚守家园，即便好几次被闯空门、偷车，喜欢的店家和餐厅都在白人大迁徙的时候关掉了，许多朋友也搬去更安全的郊区了。但在 2013 年某个寒冷的一月天，一群青少年冲向伊达和劳伦斯，当时他俩正准备把车上的杂货搬到房子里。一名少年拿枪指着劳伦斯的脑袋，然后把胡德家洗劫一空，警察过了半个钟头才出现。这件事终于让胡德一家决定搬离。

"我觉得我有创伤后压力征候群。"伊达对我说，我们在她法明顿山（Farmington Hills）的新家，是底特律西北方 20 英里的郊区，"当时我们一天比一天焦虑，睡不着，吃不下，我们得快点离开……我第一次一觉睡到天明是在搬来这里之后。"

劳伦·胡德并非阴谋论者，但她试着要厘清这座城市继续发展的隐讳逻辑，为什么像伊达和罗伦斯这样的人被遗忘，而所有的金钱和褒赞都泛滥至新兴的、几乎完全属于白人的底特律。

"可能这就是真正的目的，"劳伦说，"撵走他们。"

劳伦在她的旧家停了一分钟，就回程往她位于市中心的公寓，我坐在副驾驶座上。如果说离开市区感觉像是城市正在崩解消融，开回市区就像看着城市实时建造——焚毁的房子变成完整光鲜的建筑，人行道变得明亮，有黄色的路灯，还有大卖场和加油站的白蓝色调。当我们开过高地公园郡（Highland Park）时有一阵短暂的静默，这里是底特律边界的行政区，经济状况很差，消防局的警报系统上卡了一台传真机，把空的汽水罐推落到地上。但过了此区，一切又变得有生气起来。你会看到资本在空间里的实时流动。绕了一圈回到 7.2 区，我们仿佛被奢华的穹顶笼罩，这奢华仅在边界才有。在这里，资本会决定哪些投资是重要的，负担得起的人在此就能过上好日子。

"7.2 区已经变成一场饥饿游戏。"劳伦把车停到家门前边说，"他们大可用带刺铁丝网把周边围起来，让大家就争个你死我活。"

第三部

旧金山

第7章

缙绅化的城市

吉米·菲尔斯（Jimmie Fails）喜欢旧金山，这个吹拂着微风、友好又有点古怪的城市。他是戴着毛线帽、溜滑板的二十几岁青年，从小在这里长大，这也是他唯一的生活圈（他曾到纽约住了一年，但恨透了那种孤立和竞争的感觉）。他在旧金山到处有熟人，走到哪都有人拍肩、击掌，跟他打招呼。

因此当旧金山改变，吉米的生活也改变了，他的朋友搬到其他更便宜的城市，新来的人把他这类土生土长的本地人当成是外来客。他觉得旧金山越来越不属于他，自己在其中渐渐像个异类，就像一片残存的遗迹。

有天吉米决定干脆把他的生命故事戏剧化，在他朋友的电影里扮演一角。《旧金山最后的黑人》（*The Last Black Man in San Francisco*）这部影片是关于一个二十几岁旧金山黑人的故事，他们家因为将房屋抵押，缴不出款项，失去了原本的维多利亚式大型住宅，他千方百计想将它赎回。当影片上映时，你会在大屏幕上看到吉米踩着滑板到处游走，缅怀城市的改变，像是一首对旧金山的挽歌。

当我遇到吉米时，他正在进行这部影片的制作，他高中最好的朋友乔·陶巴特（Joe Talbot）负责摄影与执导。这部电影运用淡色调、扫视的远景、长镜头拍摄，还有类似《北非谍影》（Casablanca）的配乐。因此虽然这部电影是关于新的旧金山，却充满了怀旧感，意在嘲讽当前席卷城市光鲜亮丽、科技导向的美学风格。吉米和乔很年轻，但过去的旧金山却比新的让他们更为自在。他们不修边幅，走起路来大摇大摆，一点也不适合这崭新的城市。看他们走过旧金山，就像是看到在城市林立的新玻璃公寓中出现了一间硕果仅存的老式街屋。当城市快速走向科技化时，他们的存在宛如活招牌，就某种意义而言，《旧金山最后的黑人》是一场抗争行动，也是吉米和乔的最后一搏，不成功便成仁，如果没有在影展中赚到钱，就像其他破产的艺术家一样，他们也得离开城市。

把吉米称为"最后的黑人"当然是夸张了，但是根据旧金山的人口调查，也不算太离谱：旧金山的黑人人口目前只占5.8%[1]，比1970年代少了一半，大部分的改变发生在过去20年间。城市仍有很多拉丁美洲裔和亚洲人口，但人数也在减少。在旧金山历史悠久的拉丁美洲裔区教会区[2]，拉丁美洲裔人口比例自2000年以来，已从60%降为48%。如果这个趋势持续下去，到2025，这个区的拉丁美洲裔人口就不到三分之一了。

旧金山一度是区域内种族最为多元的城市，如今却正在丧失它的多样性，其他的郡（郊区）反而在增加。到 2040 年，旧金山的人口会以白人占大多数 [3]。这是城市里被广泛讨论的话题，如今，若你没有科技圈的丰厚收入，几乎等于一只脚踏出了城市的大门，随时只有离开一个选项。旧的旧金山看起来潦倒而脆弱，只待资本给予最后一击，让它寿终正寝。

吉米还能够留在旧金山，是因为乔的父母——两个有固定收入的创意工作者，几十年前幸运地在教会区的边缘买了一幢大房子。乔和吉米住在地下室，但他们不能永远待在哪里，身为艺术家，他们也赚不到足够的钱去负担市区的公寓租金，现在两室公寓租金的中位数，已经超过 5000 美元 [4]。

当我遇到他们时，他们正在金门大桥公园拍摄宣传照片，用来为电影募资，他们说服五个刚结束户外瑜伽的女士维持姿势入镜，让吉米站在她们后面拍照。

"这是我最接近瑜伽的时刻。"吉米说。

拍摄结束后，我们跳上工作车在城市里开了一会。比吉米年纪大一点的乔，可以指出城市的各种改变：新的星巴克咖啡开张（超过几十间），闪亮的高级公寓树立在老的维多利亚式街屋之间，倒闭的本地酒吧，还有那些让他们感到不快的，在苹果、谷歌、脸书等无数科技公司工作的新居民。他们身穿网球衫或尖领衬衫，似乎对周遭的一切无感，对于旧金山来说，他们看起来太一丝不苟了。乔和吉米观察到，这些新来的人往往只把城市视为一系列的消费选择（墨西哥玉米薄饼？啤酒？拉面？

教会区的高级公寓？）而对于每样东西的独特性无动于衷。但你可以感觉到，随着他们一个区接着一个区地接管旧金山，这已然成为普遍的趋势，任何与此不同的事物反而显得特异。

"这影响到认同，你开始怀疑自己属不属于这里，"吉米说，"他们走路经过我时，甚至都不会看到我。"

有些人会注意到吉米，但却没有什么好事发生，几个月前，一个白人指控吉米侵入乔父母的房子（有个晚上他用钥匙开门回去）。又几个月前，吉米在多洛雷斯公园（Dolores Park）附近，走在一个白人男子后面。这是一个缙绅化相当厉害的地方。距离乔父母家只有几条街，这个男子回头看吉米，可能是害怕被抢，他直直地跑过公园，穿过一排正在洒水的浇水器，全身都湿透了。

吉米对这些人展现出惊人的同理心，他说如果他像他们有那么多钱，他大概也会这么做，住在高级公寓里，试图躲避黑人。一个社会运动者告诉我，他很同情那些空降到城市的科技人士，他们为一间小公寓付出前所未闻的天文数字，每天早上七点搭着接驳车被送到帕洛阿尔托（Palo Alto）*，在晚上六点回到家（然后常工作到半夜），搭 Uber 去餐厅吃晚餐，然后下礼拜又重复同样的生活模式。当然，他们的生活优渥，但也相当无聊，像机械人一样，几乎没什么好羡慕的。只是令人痛苦的是，他们的出现毁了城市。

---

* 旧金山附近，有很多科技公司的总部位于此处。

对一个外地人来说，我们很难了解旧金山正在遭遇什么危机，作为一个来自纽约的男同志，来到卡斯特罗区的同志酒吧，这个地区长期以来是同志族群的基地，我觉得这个同志小区还蛮不错的。但如果你30年来一直住在这里，你会感到："过去这里一向是激进政治行动的温床，现在却变成同志迪斯尼乐园了。"如果你是我，你可能会逛着教会区，吃着墨西哥脆薄饼，觉得这个区看起还蛮可爱的。你不会意识到就在墨西哥餐厅的楼上，一个家庭可能要为一个9平米见方的小房间，付出一个月1000美元的租金。你也不会知道那些著名的社运艺术家团体（像是 Las Mujeres Muralistas），他们在1970年代时曾创作各种生动的壁画，描绘劳动阶级的艰辛与美好。现在大多数的艺术家都离开了，但我还是可以感受到旧金山的危机，当我跟吉米和乔在一起时，他们让我想到自己，特别是乔，跟我一样是白人，也算享有一些特殊待遇了，但还是觉得自己有义务为城市凋零的那部分发声。

我们来到市中心附近的一条巷子里，距离推特总部只有几条街，因为将总部设在市中心较萧条的区域，推特获得了市政府高达5600万美元的免税额。我开始渐渐了解旧金山所面对的未来，这个巷子看起来就像是城市留下来的废墟，肮脏、遍地丢弃的针头、闻起来有尿味。当乔跟他的小型拍摄团队准备场景时，吉米告诉我他的成长经验：他在一栋大房子里长大，里面有十几个家庭成员，他的父母因为惹上了毒品问题，失去了房子。自童年起，他在各个出租公寓和社会住宅间流浪，他对旧金山目前的状况感到极度矛盾。

"我并不是要争取别人同情，毕竟每个人都在奋斗求生，"吉米说，"但我还是有种莫名的不安，因为他们把整个文化都毁了。"

在拍摄的过程中，巷子里一栋建筑的窗户打开了，有人探出头来大叫："你们是在拍《最后的黑人》的那些人吗？"乔告诉我这经常发生，尽管这部电影还要好几年才能问世，却已经引起城市的广大反响，当地人都知道。那位打开窗的男人邀请我们到他家，原来他住在一间大仓库，建筑物被分割为十几间艺术家工作室，两个住在那里的年轻黑人艺术家，埃林·热弗拉尔（Erlin Geffrard）和蒂姆·阿瑞斯提尔（Tim Aristil）带我到处逛逛。热弗拉尔的画作风格类似古埃及风，但上面有麦当劳的商标、手枪等现代符号。工作室里面一片混乱，热弗拉尔解释，这间仓库已经被售出了，很快就会变成科技公司的办公空间，他和阿瑞斯提尔可能在未来的几个礼拜内，就得离开城市。

"这一切再也没有意义了，"阿瑞斯提尔告诉我，"以前你会四处走走，听到有趣的谈话，灵感被启发，现在你只听到人们谈生意，还有这个城市变得多糟糕。"

除了这些无形的改变，工作室也贵到无法负担，热弗拉尔说他会在东湾（East Bay）找个地方，说不定去奥克兰（Oakland），阿瑞斯提尔说他可能会搬到洛杉矶，那里便宜多了，他几乎所有的朋友都搬到了那里，要不然就是去费城或底特律。

《最后的黑人》的拍摄团队跟这两位艺术家聊了一会，彼此亲切而慎重地说再见。当我跟随拍摄团队离开这栋建筑时，我由衷希望这部影片不论在评论上还是在财务上，都一定要成功。我们刚刚见证了两位艺术家在旧金山的经济体系被连根拔起，如果这部电影没有成功，拍摄团队的两位艺术家可能也要离开了。

*　　*　　*

旧金山的经济历经许多起起伏伏，但从来没有像底特律那样有过人口和财务上的长期流失，也没有遭遇过纽约在 1970 年代那样的经济崩盘。在 1989 年时有一场严重的地震，但旧金山恢复得相当快，受损程度跟卡特琳娜飓风对新奥尔良所造成的影响无法相比。就像大多数城市一样，旧金山也因为美国联邦政府的住宅政策，导致白人搬离市中心，但根据旧金山本土作家和社会运动者丽贝卡·索尔尼特（Rebecca Solnit）的说法 [5]，旧金山跟美国东岸的城市不同，一向没有大型的工业生产，因此城市的人口迁出时，搬进来的不只是劳工阶级的居民，也涌进了嬉皮、艺术家以及各式各样离经叛道的边缘人。旧金山有悠久而独特的进步文化史，城市里的租屋者相当团结，有全国最强势的租屋者运动。在长期对政府施压后，1979 年市参事委员会（Board of Supervisors）通过了租金管制的法条，限制 1979 年前兴建的公寓，其租金上涨的比例要依据通货膨胀率而定，法条也保障租户，房东很难将租户赶走。这当然有些例外，如果你住在一个单一家户的独立住宅（旧金山有很多这类住宅），就不在保障之列；如果你住的地方是在 1979 年以后兴建的，也不在租金管制的范围内。但无论如何，旧金山市的租金管制条例大概是全美国最严格的。法规已经订得这么严格，但租户被屋主收回租约、要求搬迁的比例仍很高，这显示了土地的价值有多么宝贵。

市参事委员戴维·坎波斯（David Campos）的研究报告指出 [6]，从 2014 年 2 月到 2015 年 2 月，全市业主们共向市政府申请发出 2120 个搬迁通知，要求租户搬出，较五年前高出了 55%，而这还是记录在案的合法申请，其他业主私下迫使租户搬迁的案例还不在记录内。业主付给租户一笔钱，买断租约让他们搬迁居住之地的现象，也越来越普遍。社会运动者估计，业主通常提供 5000 到 1 万美元，让他们离开自己的家。根据旧金山法条，如果租户没有行为违背合约，业主不得停租，只有当业主破产时才可以把建筑物里所有的单元公寓拆除，停止出租，但之后可以变成私有住宅单元，重新回到市场买卖。这项唯一合法将租户逐出的条款，叫做埃利斯法案（Ellis Act）。在 2013 年，有将近 450 个动用到此条款的案例（在两千多个将租户逐出的总数中，占不小的比例）。这个条款也可以被当成是一种威胁，屋主警告租户收一笔钱离开，否则就会面临此强制驱逐条款。非营利组织旧金山租户联盟（San Francisco Tenants Union）估计 [7]，每一次驱逐条款的引用，背后大概要有三个买断租约的案例。保守估计每年有 200 个强制驱逐条款，代表每年至少有 600 个买断的案例，加上大概 1900 个其他驱逐案例 *，再乘以旧金山平均每户人口数 2.2 人（根据旧金山房地产经纪人协会的数据），你会发现，每年有 5500 人被逐离他们的家。当租金是如此之高，这些人一旦被驱离原本受租金管制的公寓，很有可能就得离开城市，或变成无家可归的流浪者。

　　某些地区，像是教会区，问题特别严重。教会区是旧金山主要的拉丁美洲裔区，原本的房屋市场颇合理，但因为有两条旧金山的铁路运输系统通过〔城市捷运系统（Muni）和湾区捷运系统（BART）〕，离市中心也近，成为缙绅化的目标。我们没有此地租户离开的数据，但从 1990 到 2011 年间，该地拉丁美洲裔的家庭少了 1400 户 [8]，白人家庭则增加了 2900 户。在旧金山的唐人街，相关资料更少，但唐人街的小区工作者乔伊斯·林（Joyce Lam）告诉我，有越来越多人被驱离自己的住所。"刚来的新移民流落街头，或者搬到较远的郊区，"她说，"或者他们就不再来旧金山了。"租金高涨对于有色族裔人口造成的压力，也扩散到旧金山以外的湾区，在奥克兰，1990 到 2011 年之间，黑人所占人口数已经从 43% 降到 26%。

　　许多人离开城市的原因，是无法被反映在官方的统计字段上的。我跟一位朋友安娜贝尔·博拉诺斯（Anabelle Bolaños）走在教会区时，就遇到一个活生生的例子。我们在教会区主要街道旁的一条街上散步，一对夫妻坐在他们三层楼住宅外小小

---

* 指租户因欠缴租金、违反合约等被驱逐。

的水泥花园里。莱缇西亚·古兹门（Leticia Guzman）今年 66
岁，告诉我她和她的家人在 1971 年买下这栋住宅后，就住在这
里。她的许多朋友都离开了，搬到奥克兰、里士满（Richmond）、
戴利城（Daly City）或是南旧金山（与旧金山市是不同的城市）。
在过去的几个月，有好几个身着西装的男士来到莱缇西亚的家
门口，有些人希望买下他们的房子，有一位说他代表保险公司，
想要检查房屋内部，但当她打电话查证，保险公司却说他们从
来没有派人过去。她猜这个男子一定是房地产经纪人，想要看
看房屋内部。如果莱缇西亚获得很高的出价,忍不住把房子售出,
或因为受不了房地产公司持续的骚扰，决定搬离旧金山，她的
个案也不会反映在官方数据上。她的妹妹卡门今年 44 岁，也已
经搬离城市了，她的个案也没有呈现在数据中。由于莱缇西亚
的房子里没有足够的空间容纳卡门、她的先生和孩子，她只好
在其他地方寻找住处，最后她搬到南旧金山市的边缘。从官方
的说法来看，她不算被迫迁，但她在旧金山长大，现在却再也
住不起这里了。

　　不只是旧金山——劳动阶级被迫离开整个旧金山周边的湾
区范围（Bay area）。利蒂西娅·里奥斯（Leticia Rios）目前为
一对科技行业的夫妻做保姆，她住在山景市（Mountain View），
距离旧金山南方大约 45 分钟车程，也是谷歌总部所在地。她已
经在这城市住了 14 年，但她的租金最近涨了 1000 美元，即便
她和她的先生都有全职工作，他们也负担不起再住在山景市。
他们在越来越远的地方找房子，才终于醒悟，不管怎么做都不

值得，他们的工作分别位于硅谷两端，而每个地方的房租都很高，也许搬离这个区域是个比较理性的抉择。里奥斯告诉我，她考虑先带着孩子搬到内华达或芝加哥，让丈夫先留下来，等他们在新住处安顿好，他会前去团聚找份新工作。由于山景市没有租金管制的法规，里奥斯因为租金上涨而被驱离的案例不会被记录在任何的官方表格上，也不会出现在任何湾区的相关统计数据里。如果缺乏这些数据，我们很难对情况的严重性做准确的描绘，只能借由人口普查和个案的故事去推估，也因此，这场对抗缙绅化的战争也更加困难。

随着租金高涨，不只是低薪的劳工，对于原本享有稳定生活的警察、律师、中产阶级专业者来说，住宅也变得难以负担。我跟好几位教会区的公立学校教师聊天，他们拥有相当不错的中产阶级收入，起薪是年薪 5 万美元以上，但对于杰克·哈里斯（Jake Harris）——我所遇到的一位教师来说，这样的薪水还是不够他和他的伴侣住进市区，只能住在距离一个小时车程的柏克莱和奥克兰的交界。

"学校有好多孩子需要额外辅导，"他告诉我，"我很累，睡眠不足，很难保持耐心，但我又需要耐心才能应付那些孩子，从情绪上来说，我没有办法一直这样撑着。"

当艺术家、教师、律师，所有年薪不到 10 万美元的人，都无法负担得起住在城市里，城市会变得怎么样呢？当小区里租金低于 2500 美元的单房公寓只占 4%[9]，那些为科技业者煮咖啡的人要住在哪里？这个地区在本质上阻绝了劳工阶级进驻。丽贝卡·索尔尼特算出，在 1950 年代和 1960 年代，一个艺术家每个月要工作 65 个小时 [10]，以最低时薪计，才能负担一间公寓。今日的旧金山，以美国标准来说，基本工资算是高的了，每个小时 12.25 美元，但是一间要价 2500 美元的公寓（以现在的标准来说相当便宜），租屋者需要以基本时薪工作超过 200 个小时才能负担得起房租，这远远超过了一份正职工作的时数，而这只是房租而已，还不包括其他生活开支。

旧金山人抱怨这里的文化快要被高房租给摧毁了，为城市劳心劳力的人再也无法居住在城市内，但这样的担心似乎不被市政府所重视。尽管房价攀升，科技公司一家接着一家进驻城市，政治人物仍决意用城市的有限资源，去吸引更多投资。艾德·李（Ed Lee），旧金山的市长，曾被指控与房地产界关系过密 [11]，他的募款团队中有三个人因为房地产相关的不当收贿被以重罪起诉 [12]。尽管李本身没有被定罪，他的行为却引起了众怒，在他出现的公共场合，社会运动分子对他发出嘘声，谴责他一味讨好科技业，忽略了相关政策对产业外的人所造成的影响。在李的政策中，最出名的是提供推特 3000 万美元的免税额，奖励该公司将企业总部设在已相当抢手的旧金山市中心。2016年，当超级杯在圣塔克拉拉举办——距离旧金山只有 30 英里，旧金山为国家美式足球联盟办了一个盛大的派对，李大幅增加警力，花了许多经费为联盟长官举办欢迎晚宴，清除市中心街道无家可归者的帐篷。对社运者来说，这个活动象征了新旧金山目前的问题，城市宁可欢迎外来者，却无视城市弱势人口的需要。为此，上百人走上街头抗议。

"许多人流离失所，无家可归的人从这一区被赶到那一区，"米格尔·卡雷拉（Miguel Carrera），无家可归联盟（Coalition on Homelessness）居住正义运动的组织者这么告诉我，"而市长却举办了一个宴会。"

很多方面来说，这正是城市所追求的，大部分人都展开双臂欢迎科技产业。人们意识到缙绅化的问题，但这里是企业的大本营，任何反商、反科技的言论，都会遇到来自资源丰沛的企业团体、市长、市议员甚至多数市民的攻击。2015 年地方曾有一场投票，希望限制 Airbnb 的租屋数[13]，以保障当地人能有足够的住房，但却无法取得足够的支持票数。另一项投票，希望能限制教会区的房地产发展，也没有通过。曾有倡议者希望对科技业者加收 1.5% 的税[14]，这可以为社会住宅带来百万美金的发展基金，这项提议甚至无法通过市参事委员会的决议就被封杀了。旧金山决定不得罪城市的衣食父母——科技界与企业，即便城市的居民正不断被驱离。

* * *

我在教会区闲晃时，遇到 16 岁的雨果·瓦尔加斯（Hugo Vargas）。雨果在本地长大，现在在小区中心当义工，他答应带我四处逛逛。他牵着他的脚踏车，跟我一起走在教会街上，一路经过了廉价商店、卖水果的摊子和几间坐满嬉皮士的咖啡店、酒吧。他告诉我他爸妈的故事，一位是咖啡师，一位是厨师，他们都在著名的蓝瓶咖啡（Blue Bottle Coffee）工作，这是城市里最时髦、最贵的咖啡连锁店。他们每人的年薪大约是4.5万美元，但是雨果和他的家人还是经常考虑要搬离此地，也许搬到北边一小时车程外的里士满，或甚至更远的地方，他随时感到自己即将离开。我很好奇为什么他父母加起来高达9万美元的薪水，还会造成这么大的不安定感，等到雨果让我看到他的家，我才终于明白。

我们停在一栋四层楼的房屋前，雨果按了门铃，警卫带我们走进一栋都是单人单位（SRO）的建筑。空间被隔成一间一间的，都是狭小的单人房，每个房间只够放一张床、一个柜子，然后就仅能容身了。从淘金时代开始，单人房就是旧金山住房供给的主力[15]，临时工、新到的移民、无家可归的人，甚至劳工家庭，都住在这类型的房子里。过去单人房在全美各地都很普遍，尽管条件不甚理想，但对于低收入的人来说，却是重要的住宅单元。但自从1970年代以来，全国有超过100万个单人房单元被拆除，取而代之的是面积较大、一般市价的公寓。旧金山目前仍有3万个单人房单元，为城市5%的人口提供栖身之处。旧金山有一条法律，若屋主要将单人房单元改建为一般市价公寓，必须要付钱，让市政府兴建新的社会住宅来弥补住房量的损失，但还是有许多的单人房建筑被拆除。

雨果的父母在这栋屋子里租了两个单人房单元，一间自己住，一间给雨果和他妹妹住。雨果让我看他的房间，大概只有8.6

平米大小，他的妹妹在看一台小电视，手里抱着他们的吉娃娃狗，尽管房间不乱，衣服和书本在房间里看起来还是堆得到处都是，要让两个青少年住在一个不到 10 平米的空间，毕竟不容易。他父母在楼上的房间也是同样大小，他们每个月为两个房间要付出 1900 美元。

雨果的居住环境不是很理想，但这不是雨果最在意的事，真正使他愤怒，刺激他变成一个年轻社运者的原因，是这个城市发生的改变。2014 年 7 月，当雨果和几位朋友在小区的公有空地玩足球时，几个白人男子走过来，告诉这几个拉丁美洲裔小孩，他们必须在市政府的网站登记，付每个小时 27 美元的租金，才能使用这块空地。他们要求这些男孩离开，坚持要按照规则付费后，才能使用这块空地。其中一名男孩问这些男人在这小区住了多久。

男人回应道："谁在乎？谁管什么小区？"

当时的情景被录了下来，引起广大的争议[16]，一名记者追踪发现这些男子都是 Dropbox* 和 Airbnb 的员工，Airbnb 是提供房屋分租服务的企业，将原本的居住空间转换成商业出租，近年来饱受批评。这个事件显示了这些新搬入者的心态，也激化了旧金山原居民和新旧金山人之间的冲突——一边是小区，一边是科技界。这个例子也彰显了两方深层的差距，这正是缙绅化问题的核心：男孩们认为自己有权在这块空地踢足球，因

＊　一个提供云端储存空间服务的企业。

为他们在小区住得比较久，这是他们的习惯，是他们先到这块空地。而这些科技界的人士，认为因为他们付钱预订，这块空地便归他们使用。在这些科技人士的心中，每样事物都是个商品，墨西哥玉米脆饼、公寓，甚至整个城市都是商品，他们有技术、有能力，也有钱去把它们买下来，这些男孩则没有办法。

纽约的作家、社运分子莎拉·舒尔曼（Sarah Schulman）称此为"心态的缙绅化"（The gentrification of the mind）[17]，随着我们城市景观的改变，我们的心态也改变了，我们不再视自己为小区的一分子，对彼此有责任与义务，而只是购买各种物品、经验的消费者。这是最让雨果感到生气的，这些外来者认为他们更有权利使用空间，无视雨果和他朋友在小区住了多久，无视他们的生活习惯和他们对于公共空间的权利，只有钱才是重要的。

第8章

成长机器

　　旧金山并非特例，在全美各城市，这样的情况都相当普遍，旧金山只是比较极端的例子罢了。在里根担任总统时期，他将富人的税收从 70% 减少至 30% 左右 [1]，削减联邦政府的住宅、交通预算，这迫使城市财务必须自主。如同我们在底特律、新奥尔良的案例中所见，城市如今必须使尽浑身解数，吸引富人，借此满足对于基础建设、教育、养老金等种种预算需求，由于城市必须大量借贷，它们受制于标准普尔等信用评级公司的标准，在评估其财务是否健全之后，才能继续借贷、投资。

　　但在今日，缙绅化不仅出于政府的财政考虑，也成为城市政府治理的显学，将对资本的需求置于人民的需求之前。比较缺乏资金的城市像底特律，的确需要通过缙绅化来满足财务缺口，但旧金山并没有财务上的理由，这个城市并不需要持续吸引富人迁入，这个城市在科技产业泡沫化之前，没有遇到经济危机，城市的财政在科技潮席卷前，原本就相当平衡，然而旧金山的执政者却不断将城市的土地划作高级公寓、高层商业建筑开发使用，给予企业更多的免税额，市长持续在会议、企业的股东会上，招募大型科技公司进驻，仿佛旧金山迫切需要它们的资金。根据估计，2017 年市政府会有 100 亿美元的盈余 [2]，这是将都市当成一部经济成长的机器在运作。

在今日的美国，我们往往预设产业、企业需要不计一切代价地追求经济成长，从金融、石油到房地产界皆然，也因此这些部门少有法规管制。但从前并非如此，直到最近几十年来，经济成长才主导了城市治理的方向，凌驾于其他公共利益之上。市长候选人若能以企业模式运作市政，也往往能够为他们的当选加分。在《都市财富》(*Urban Fortunes*) 这本书里 [3]，都市理论家约翰·洛根（John Logan）和哈维·莫洛奇（Harvey Molotch）指出，美国城市的治理者如今不再关心人民是否负担得起居住在城市的成本，不关心儿童的教育、居民的福祉或健康，相反，他们只在乎城市能够创造的财富数目。这个偏颇的概念，散布和影响了各地的城市经营者，像是理查德·佛罗里达这样的学者，提出将城市当成企业来运作的看法，尽管广受大众欢迎，但却过于狭隘。洛根和莫洛奇认为，将都市当成一部经济成长机器的看法，产生于美国的后资本主义时代，城市除了是人们居住的地方以外，更演变为生产、管理、吸引、输出资本的媒介。

资本主义产生了马克思主义学者所谓"使用价值"和"交换价值"之间的冲突，使用价值代表着一个地方所具有的价值，依据人们对它的使用程度来定义——是否适合居住、令人产生社区感，能否在此工作、产生认同。交换价值则是一个地方在经济上的潜在价值。在土地可以自由买卖的社会，每个地方同时都具有使用价值与交换价值。这个体系根本的问题是，你越贫穷，这个为你提供使用价值的地方，对别人来说可能越不具备增加交换价值的潜力。正如莫洛奇和洛根指出，这就是为什么过往的都市更新[4]，政府往往在低收入社区上方辟建快速道路高架桥，进行大型住宅开发，迫使上千人搬迁。这些决策背后的考虑，并非提高居民的福祉，而是能否为这些地区找到更有利可图的使用方式。底特律过去曾因政府在某地所投入的公共服务大于该地的房屋税收，彻底摧毁了一个社区。尽管其他地方不像底特律这么明显，政府的公共设施往往沿着贫穷率和种族的界线分布，这就是为什么许多新建的高速公路，会穿过黑人或拉丁美洲裔族群的社区，城市中房地产价值较低、房屋税收较低的地区，会被重建更新。因为若将高速公路硬是开辟在一个富有的社区，不仅会面临更多阻力，也会减少城市的税收。

比起穿越社区的高速公路，缙绅化所引发的改变看起来含蓄多了，但影响却相当深远，由成长机器的逻辑来看，它的目标是一样的：贫穷的社区被认为有潜力取得更高利润，政治家与企业会努力改变社区的用途，借此增加它的交换价值。以利蒂西娅·里奥斯的房子为例，原本这栋房屋的使用价值于她而言，是她居住的地方，她在此成家立业，建立社群，但是就交换价值来说，如果没有她，这栋房子的价值会更高。

在都市规划界，使用价值与规划价值的冲突并没有被充分辩论。保守的经济学家与规划者将交换价值凌驾于使用价值之上的现象，直接定义为"最高与最佳使用方式"。他们假设：各种生活设施、居民会依据最高利润的原则，自动流入最适当的小区。就市场逻辑来看，穷人住在城市的中心，并非该地区的"最高与最佳使用方式"，因为如果该地由富人居住，成为商业中心，利润会更高。一个富人跟穷人从城市里获得的使用价值差不多：栖身之处、社区感，还有建立认同，但你越富有，就越不会面对土地使用价值和交换价值之间的冲突。在当代的趋势下，越靠近市中心的土地，交换价值越高，缙绅化更容易发生。"问题的核心，在于穷人的日常生活——他们赖以维生的方式——往往降低了交换价值。"[5] 莫洛奇和洛根如此解释道。

这是资本主义城市恒常的两难：增加城市的利润，跟满足穷人与中产阶级的需要根本上是冲突的，但我们又需要穷人和中产阶级，城市才能运作，城市中心地带的土地若能吸引富人进驻，就会具有很高的利润价值。缙绅化因而反映了土地价值跟穷人需要之间的冲突，这是资本主义之始就存在的老问题，只是用新的形式来表现。弗里德里希·恩格斯（Friedrich Engels）在 1872 年就预测了缙绅化的出现：

现代大型城市的扩张，致使部分区域的土地，特别是市中心的土地，因人为因素增加了巨大的价值。然而在这些地区林立的新建设，实际上降低了土地的价值，而不是增加，因为地方发展不再因应当地的环境所需，原本的环境被摧毁，以其他的功能取代，这样的情形在各地发生。许多位于中心位置的劳工住宅，原本就算人口密集，租金涨幅也相当平缓，不会猛然上升。但我们看到，这些住宅被拆除，取而代之的是林立的店家、仓库、公共建筑……结果工人们被迫离开城镇的中心，搬往郊区[6]。

换句话说，恩格斯提出在土地私有、自由买卖获利的社会，对于持有和控制土地的人来说，低薪的工人阶级是个头疼的对象。就算兴建许多高楼大厦，穷人仍然只能负担得起便宜的公寓，比不上那些高级公寓所能创造的利润。市场逻辑驱使着较靠近市中心、交通干线、公园等有较高获利报酬的土地，用于更高获利的用途，并以高收入的居民取代低收入的劳工。这背后可有刻意的阴谋？事实上，如此毁灭性的结果，不一定是经过深谋远虑的计划，也未必是任何单一个人、组织的决策所造成的。在一个不加限制地将房地产作为商品买卖的体系中，缙绅化只是合乎逻辑的正常结果。城市成为一部成长机器，经济成长是首要目标，在追求土地增值的欲望下，穷人和中产阶级的需求被漠视。

19世纪末的都市理论家、社运者罗莎·卢森堡（Rosa Luxemburg）曾提出假设：在资本主义的经济体系里，城市无可避免地将被当成是吸收资本的媒介，当系统中有多余的资金流动时（意指社会中有许多有钱人），城市变成一部机器，本身成为一项奢侈的商品，吸引着有钱人的荷包。卢森堡认为当时的城市建设，像雄伟的建筑、纪念碑、公园、美丽的街道景观[7]，都是用来吸引富人，增加城市税基的一种方式。某种程度上说，今日理查德·佛罗里达提出增加城市生活设施，以吸引能带动经济成长的创意阶级，与当时如出一辙。城市目前仍在做一样的事，将雕像和广场置换成咖啡厅、轻轨、艺廊，这些都是增进土地价值的好方法，试图说服有充裕收入的人来此花费金钱。

比起其他资本运作的方式，缙绅化的过程更为复杂，隐而不显。我们可以轻易辨识出都市更新、郊区发展、兴建高速公路等创造资本的模式，但缙绅化的发生较为隐微、分散，也难以追踪。就像丽贝卡·索尔尼特描述的："都市更新像是石油污染，有单一的来源和负责的单位，缙绅化则像空气污染一样，许许多多彼此毫无相关的个人，共同累积的结果造成破坏。"[8]就像空气污染一样，缙绅化有可能来自不相关的成因，这些成因反映了更大的整体系统。就像空气污染根植于以石化工业为基础的经济体系，而缙绅化则根植于以房地产为基础的经济体系。

缙绅化分散化发生的本质，解释了为什么许多迁入者无法意识到：是什么力量驱动着他们搬入小区，他们的迁入是否迫使其他人搬走，或如何阻止这现象。在我跟许多迁入者谈话的过程中，我发现他们不是不在乎自己所造成的影响，而是他们根本不知道自己所扮演的角色。他们以为自己的行为是个人的选择（"我因为这个地方的房子较便宜，所以搬到这里来，而且这里的咖啡厅不错。"），而看不到更大的系统和背后的过程。我们可以设想：如果这些迁入者能够意识到自己不只是消费者，而是小区的一分子，或是体系里的行动者，他们能够采取对抗措施，改变这让自己成为迫害者的体系吗？

*　*　*

　　尽管缙绅化是目前每个工业化国家都面临的问题，但只有在缺乏完善住宅法规的国家，缙绅化才会造成大规模的迫迁，因而产生严重危机。换句话说，一切还是回到政策和政治。你可以想象一张图表，Y 轴代表缙绅化导致迫迁的人，X 轴代表住宅政策的力度，你会得到一个反比的曲线。美国在 X 轴上最靠近原点，有最多的人面临迫迁，有最少的住宅政策保障。英国和加拿大其次，这些国家过往对土地市场有较强的管制，但近日因为保守派的势力增加，开始面临房市上涨的危机。在此之后，则是有社会主义倾向的资本主义国家，像瑞典、德国。最后才是社会主义国家，当地居民较少受到迫迁，并且有许多进步的住宅政策保障人民权益。

　　除了美国之外，几乎每个工业化的国家，都意识到完全私人主导的土地市场，无法满足穷人的需求，因此采取各种手段，至少将一部分的土地保留于市场机制之外，通过法规的限制让人们能够负担其价格。举例而言，中国香港尽管在经济体系上类似旧金山、纽约等全球城市 [9]，却有 60% 的住宅建设保留给低收入居民。在瑞典，地方政府对于土地使用有高度的掌控 [10]，在斯德哥尔摩，几乎每一块未开发的土地都属于市政府拥有。在柏林，以欧洲城市来说，目前缙绅化的速度相当快速[11]，立法者最近通过了一条新法规，屋主对新房客收的租金不能高于地区平均租金的 10% 以上，这使屋主不能在换房客后迅速调涨房租，也因此降低他们驱逐长期房客的动机。瑞典、德国并不是反资本主义的国家，但他们的政府却意识到，不加管制的资本主义无法全面解决住宅问题，相反，美国社会却无法意识到这点。在旧金山 86.4 万的人口中，每年都有好几千人被迫搬离，但全市总共只有 6000 户公共住宅[12]。在美国，每年都有 1 万户受补助的租屋单元消失[13]。

美国对于穷人的住宅政策，大多数都是零星而随机，没有经过缜密的计划，也从来不是以成长为导向的市政府、州政府的首要目标。穷人一向住在价值较低的土地，在 1970 年代，内城市中心的土地价值较低，而现在，郊区的土地价值则较低，因此穷人被迁徙到那里。

自由而不受管制的房地产资本市场，意味着资本、文化的中心一直在移动。穷人、艺术家、社会运动者，在这个国家里从来没有稳定的居所，他们往往必须不断地迁徙，在资本追求最高利润的浪潮下寻求栖身之地。以前，每个城市文化或艺术上的"黄金年代"——像 1970 年代的纽约、1960 年代的旧金山，都与艺术家跟社会运动者能在城市里找到便宜的住屋有关。对他们而言，当时的纽约和旧金山充满创意社群，能够包容另类生活方式，也有方便的公共交通网络，这些使用价值刚好跟交换价值对等，中低收入的居民因此能够在此生活。但是一旦纽约和旧金山土地的交换价值改变，开始上升，这些艺术家和社会运动者就被驱逐了。在我们现今的体系里，地方的交换价值一直在浮动，艺术家、社会运动者、低收入者也会一直被驱赶。这是为什么美国的阳光带（Sun Belt*）如佛罗里达州，由于当地土地较为便宜，目前正涌入大量的穷人，而艺术家也正在逃离纽约，搬到底特律、新奥尔良等下一个新兴地区，也就是相对来讲较为便宜的城市。

如果美国的土地市场一直不受管制，或是法规鼓励土地的交换价值不断上涨，我们可以预测因为交换价值攀升而导致的迫迁将永无止境。资本会持续找到下一个租隙够大的地区——土地价格相对便宜，有升值的潜力——加以缙绅化，过去住在这些便宜土地的人则被迫搬迁，移往使用价值较低的地方重新安顿，等待下一次迫迁。

我常被问到，为什么许多纽约的本地人会把新的咖啡厅、单车道，甚至新公寓当成是负面征兆，为什么我们会如此"反发展"。当我在写这本书时，纽约市长比尔·布拉西奥（Bill de Blasio）提议兴建一条新的轻轨路线，会经过我住的地方，我的第一个反应竟然是："我猜我得搬家了。"即使没有人明说这是缙绅化，多数人不了解背后的经济体系，我想人们在潜意识里，

---

* 指美国北纬 36 度以南的地区，包含佛州、加州、乔治亚州等州。阳光带日照充足，气候温和，适宜人类居住。因此自 1960 年代起，人口大量的移入，及其气候与产业的良好条件，为这里提供了经济增长的机会。

已经能感受到失控的土地市场带来的结果：咖啡店不只是喝咖啡的地方，新的轻轨不只是单纯的大众交通工具，而是小区开始成为高价房地产的征兆，而你有可能无法继续住下去。其他城市的人也告诉我类似的感受，安娜贝尔·博拉诺斯说以往她赞成在教会区植树，欢迎小区美化的措施，她认为教会区可以有更多绿化，"我曾是这么的乐观、正面，"她说道，"然后我觉得我被这些虚伪的善意给骗了。"

贫穷的小区当然应该绿化，拥有好的街道、公共交通，但在我们现行的土地使用制度下，小区环境改善却意味着原本的住民要遭到迫迁。唯有当我们重新规范、制度化地保留系统里的部分土地，让穷人能住得起，或至少提供补助，美国城市里的居民才能更安稳地定居。某种程度上说，美国已然有这样的政策：公共住宅是保障土地的一种方式，不管周遭的环境怎么变迁，土地上仍有可负担的住宅，住宅援助支付方案则对无法以市场价格负担租屋的人提供租金补贴。但这两项制度都面临资源不足、管理不当的严重问题。在许多城市，等待申请租金补贴的排队名单要好几年之久，这项政策也没有根本性地解决租金上涨问题[14]，随着租金越涨越高，受到补贴的比例、对象越变越少，穷人也被迫迁移到更远之处。

公共住宅也面临一样的问题，在美国，纽约是唯一还留有数量可观的公共住宅单元的城市，但即使如此，数量还是远远不足，现有的建筑急需维修，而城市则预计将公共住宅外围的停车场、草地出租给私人开发商[15]，兴建包含市价和平价的混合型住宅（即便平价，也非公共住宅里的居民能负担得起）。美国的住宅政策简直可说是漫无目标。

如果我们真的想要在未来有更合理的住宅情境，联邦政府所需采取的政策相当清楚，要保护土地不受市场力量干涉，我们有以下几个方案：借由政府拥有土地兴建公共住宅，或立法采取严格的管制，控制租金或土地价格上扬，或是我们可以通过住宅补贴这类政策，防止攀升的土地价格致使人民迫迁。但在目前的情况下，我们毫无作为，只期盼市场力量能自行解决问题。若没有重大的法规革新，我们可以预期旧金山所面临的情境，将会持续发生在全美主要城市。过去，郊区是富人居住的地方，穷人难以进驻，但在可见的未来，城市的中心将越来越具吸引力，穷人将被流放到郊区，直到城市与郊区的租隙降低，缙绅化无利可图，才会又开始新一波的空间重组。

第9章

不平等的新地理学

就经济层面来说，郊区是缙绅化的原型，郊区化是一项美国首创的实验，以郊区的房地产开发来活化资本主义，促进经济。缙绅化可说是这个实验的延伸——所谓"第二阶段的郊区化"。郊区提醒着我们美国的住宅规划、经济政策背后的企图，其主要目标在制造财富，而不是让人民安居。置身于缙绅化的浪潮中，我们较难看到缙绅化的全貌，但我们可以借由了解郊区化的发展，推论都市政策将如何影响我们城市的未来。

缙绅化并非意味着郊区的终结，郊区仍然存在，但已不像都市那样具有增值潜力，吸引着美国的富人进驻。富人现在喜欢聚集在城市，郊区则被弃置，成为中产阶级和穷人的居所。今日的郊区已重新被形塑、改造，有新的人口进驻，变得更加贫穷，这个现象有着深远的政策意涵，影响着许多穷人的生活。

　　　　　　　　*　*　*

　　当我跟安娜贝尔·博拉诺斯在教会区散步，她告诉我如果想要了解旧金山湾区的未来，我应该往东走，离开旧金山，到奥克兰以东，穿越山脉，经过高速公路，去康科德（Concord）——康特拉科斯塔县（Contra Costa County）的最大城市走访一下。该地原本都是农业区，近日已蔓延为一连串郊区、卫星城、迷你城镇聚集的所在，以私家车为主要交通工具。我决定走这一趟，但首先我必须通过连接旧金山和东湾之间的桥梁，这本身就是一项考验。在过去的五年里，连接旧金山和周边地区的每座桥，通勤人数都增加了十几倍，塞车的情况反映着周边区域人口的增长，比人口普查的数字还准确。在连接旧金山和东湾的海湾大桥（Bay Bridge）上[1]，从早上五点就开始塞车。当你创造了城市的经济体系，却无法负担得起住在市区时，就会发生这种情况。

　　安娜贝尔建议我走访康科德，因为她最好的朋友奥斯卡·佩尔多莫（Oscar Perdomo）住在那里。奥斯卡今年45岁，是名男同志，拉丁美洲裔，从小在旧金山长大。他痛恨康科德的生活，对他来说，这个地方丑陋、乏味、没有文化、对同志不友善，多数是白人。但只有这里的房子他才买得起，不用搬离湾区。

　　奥斯卡在教会区长大，他和他的母亲在同一栋公寓里住了25年，那是一栋老维多利亚式建筑里的两房公寓，有用作装饰的护墙板，拱形的天花板，还有发出叽叽嘎嘎声音的木地板。他记得小时候最喜欢穿着整齐上教堂，之后和朋友们一起聚会。他的家人不算富有也不算贫穷，而教会区的生活对他来说正是如鱼得水。

"我在这里长大，我想要留在这里，这是我的世界。"他这么告诉我。我们坐在康科德空旷市中心街道上，一间连锁咖啡店的户外，"在教会区，到处都是拉丁美洲裔的人，那是一个小区，每个人都认识彼此。"

但他母亲的公寓日益残破，好几个房间都开始发霉，他们一个月要付 800 美元的房租，但屋主不做任何维修。奥斯卡不清楚他们的公寓有没有受到租金管制的保护，当屋主开始威胁他们搬迁时，奥斯卡和他生病的妈妈也没有反抗，抗议似乎徒劳无功。后来屋主将这间公寓改成一个单房住宅，将老式的天花板和墙饰板拆除，让它看起来更现代，并将租金提高为 3000 美元。这件事发生在 2011 年，现在的租金可能更高了。

所以奥斯卡遵守房地产界的通则："开车往前走，直到你负担得起租金。"为了寻找新的两房公寓，他越走越远，直到来到康科德，该地距离旧金山的车程介于半小时到一小时之间。

这里没有所谓的文化或是小区感。奥斯卡说他在教会区很有归属感，人们在街上会跟他打招呼，他在同志酒吧、教会都觉得自在，但在康科德却没有这种感觉。"在超市碰到邻居，大家都相当疏离，"他这么说，"如果你肚子饿，晚上 10 点以后这里找不到吃的，晚上 7 点以后街上就看不到人了，9 点以后连车子都没有。这里没有好的调酒，没有好的同志酒吧，打开男同志交友的软件，这附近只有五个人。"

我们喝完咖啡后，奥斯卡带我在康科德附近走走，市中心只有一个街廓，除了一家咖啡厅和几间小餐馆外，几乎空荡荡的。然后城市往外蔓延，看起来没什么特色，像是美国的其他城市一样，人行道很狭窄，道路很宽，红绿灯的间隔很远，在车道间有几条细长的绿带，我们走了 20 分钟，路上只碰到两个人。途中奥斯卡告诉我，最近他被旧金山一家网络新闻公司辞退了，他原本是平面设计师，还在寻找新工作。但在搬到康科德之后，他得花时间多照顾母亲，越来越难跟旧金山的潜在雇主保持联系，所以他开始在当地的家得宝家居卖场（Home Depot）兼职打工。

我们走着走着，经过一排又一排的购物中心，直到来到一个大型的十字路口，这里看起来跟佛罗里达、俄亥俄州等任何地方的十字路口没什么两样。奥斯卡指着十字路口对面新的公寓建筑——旁边有一个公园，他说："至少那里有个公园。"他说他有时会在那里看池塘中的鸟，他的公寓就在公园之后。在来往的车流中，中间有个短暂的空档可以穿越十字路口，但是奥斯卡不敢不遵守交通信号，显然当地的警察会对行人穿越马路开罚单，因此我们只好在沉默中，等待多线道马路上川流不息的车子终于停歇，奥斯卡才走向他的新家。

＊　　＊　　＊

郊区不是为穷人建造的，坦白说，郊区不是为任何人而建的，它建造的目的只是为了振兴资本。但郊区特别不适合穷人居住，穷人依赖社群的存在，需要社会福利服务，也需要大众交通系统。郊区更适合与世隔绝的个别家庭居住，如同简·雅各布斯所说："富人没有像穷人那么依赖丰富的街道生活——在街道上，你可以打听到工作的消息，跟餐厅侍者打招呼。但大多数的富人或中产阶级也一样享受街道生活。住在郊区的潮流只流行了几十年，富人们厌弃了安静住宅区里的单调街道，纷纷离开，让其他较没有钱的人进驻。"[2]

当低收入者搬到原本为中产阶级、上流阶级打造的郊区空间，会发生什么事呢？学界和社会福利界仍然在尝试解读这个最新现象。在过往，贫穷被定位是发生在都市中心的现象，但是在新的地理分布里，穷人离开了原本归属的社群，也脱离了原本依赖的社会福利系统。我们尚不知道这会造成何种影响——对穷人来说，郊区生活会不会让他们倍感压力，影响他们彼此连接的能力，甚至降低他们的政治动员能力？郊区的地理形态既不适合发动抗争，也不利于集体行动。我们只确信一点：在未来，穷人会以史无前例的速度搬入郊区。

在美国历史上第一次，都会区里大多数的穷人会住在郊区，在旧金山以东，康特拉科斯塔县东侧[3]，贫穷人口的比例在2000到2010年间，上升了70%。在2005学年度，有38%的学生因家庭状况因素，获得免费或补助的学校午餐。到 2010 年，这个比例上升到 50%。这些数据不只是由 2008 年以来的经济衰退造成的，诚然，各地区贫穷人口的比例都在增加，但在郊区增加的速度更快，几乎是城市的两倍[4]，如今在大都会区，有 55% 的贫穷人口住在郊区[5]，而有 63% 的接近贫困人口（收入在国家贫穷线的两倍之内）住在郊区。

族群的人口分布也改变了，在湾区，住在市中心贫穷的黑人在 2000 年到 2009 年间减少了 11.3%[6]，而同期间在郊区增加了 20%。移民路线也有所变化，移民不再由国外迁入市中心，而是直接搬到郊区或是城市的卫星城镇。这也是缙绅化研究没有捕捉到的数据，这些移民在 10 年、20 年前会迁入市中心，但今日搬到郊区。如今有超过 50% 的第一代移民住在郊区[7]，只有 33% 住在城市（其余的住在乡村）。

当人们遇到经济困难时，旧金山的高房价代表着他们无处可去，联邦政府的租金补助不足以让穷人住得起旧金山的公寓，慈善组织无法负担在城市里为有需要的人兴建住宅或给予补贴。

"我们基本上是郊区的中介，"杰夫·拜立克（Jeff Bialik）这么告诉我，他是旧金山天主教慈善组织的执行长。"人们遇到危机时，我们协助他们搬到收容所，然后将他们迁出城市。过去目的地是奥克兰，现在则是安提阿克（Antioch）、布伦特伍德（Brentwood）、瓦列霍（Vallejo）等更远的地方。一旦搬到那里，社会支持系统就更薄弱，有时候我们实在不愿这么做，可是我们还能怎么办呢？"

对于没有车子的人，住在郊区可说是寸步难行。大众交通极不便利，住在郊区的低收入居民很难以大众交通代步通勤去工作。只有 4% 的工作能够在 45 分钟内以公共交通抵达[8]，就算将通勤时间延长到 90 分钟，根据统计，在都会区也只有 25% 的工作能以公共交通抵达。

在湾区只有四条通勤路线，在旧金山市区以外，各车站间的距离很远，车次也不频繁。曾有一位旧金山湾区大众运输局（San Francisco Bay Area Rapid Transit）的员工，在公司的官方推特上写道："BART 已经超载了，我们的系统也逼近运作年限的上限。"[9] 另外一则推特则评论，运输局难以招架科技潮带来的改变。难得官方坦承问题存在，但却无法轻易解决。

有证据显示，在郊区的贫穷学生表现不如在内城的学生。湾区最边缘的两个城市安提阿克和匹兹堡（Pittsburg）[10]，是接收最多旧金山市流出人口的卫星城，当地的低收入学生，学业表现远较市区的对照组差。

郊区的贫穷人数增加，针对贫穷问题建立的社会福利系统却仍局限于都市中心。在郊区的非营利组织服务的地理幅员远较城市广大[11]，但它们的募款来源却更为有限，随着越来越多穷人搬到郊区，非营利组织的资源被摊薄，难以触及更多区域，自身也面临困境。

"穷人们面对的是糟糕的大众交通系统、贫乏的社会服务，我们试着在郊区建构支持体系，但我们过去的经验和专业多半局限于市区。"唐·菲利普斯（Dawn Phillips）这么说道。他担任非营利组织正义目标（Causa Justa/Just Cause）的计划经理，这是湾区为拉丁美洲族裔倡议的规模最大的社会团体。"对我来说，这不是我们的组织要不要扩张的问题，人们的生活已经自然而然地区域化（regionalization）了，我们别无选择，必须要跟随这个趋势，但我们还在调适。"

在湾区的卫星城镇里很难有任何基本的服务，许多穷人正在搬往沙漠中的非行政建制地区，那里甚至没有污水系统或干净的饮用水。

"人们像是住在美国的殖民地，"一个社会运动者在地方新闻网站上陈述，"像是住在第三世界国家，就在距离我们不远的地方。"[12]

这就是湾区新的地理图像：人们住在尘土漫天的城镇中，以移动拖车为家，周围没有店家，也没有干净的水。

* * *

对于仰赖大众运输和社会福利体系的低收入者来说，郊区和都市扩张后的卫星城镇并不是理想的空间形式。仔细想想，你会发现郊区的空间形态，不利于任何收入程度的人建立社区，这就是为什么很多在郊区长大的人，似乎都对其深恶痛绝，而纷纷搬回市区。但是讽刺的是，过去数十年来，郊区的生活被描绘成是美国梦的代表，我们有必要问问这是如何发生的，为什么郊区一开始会被开发出来。

担任罗斯福总统首席住宅政策顾问的雷克斯福德·特格韦尔（Rexford Tugwell）当时这样解释他的计划："我的构想是在人口中心地带之外，选择便宜的土地，建造一个新的小区，吸引人们搬进来。"他说明自己所建构的地理图像："然后我们回到城市，拆除贫民区，在那建造公园。"罗斯福总统并非保守派，他通常是穷人的捍卫者，他最重要的住宅顾问如此"反城市"（anti-urban），显示了这种心态是多么根植于美国住宅政策的核心。

从 1930 年代初期，掌权者开始大规模整建郊区，郊区承载着许多人的想象，深刻地影响着美国人生活的各层面。郊区不只是一个新的空间，它被整建的目的是为了活络经济，除此之外，郊区也代表一种对美国掌权阶级更有利的生活方式。恩格斯早就警告过，为了追求房屋所有权[13]，工人将忍受不合理的待遇，变成不自由的劳工，降低对抗雇主的能力。恩格斯是共产主义者，他看出这点，而许多资本家也公然承认，让人们受制于房贷，努力工作购买房屋，这正是郊区住宅被创造出来的目的。19 世纪的一位铁路大亨说，他乐于见到工人们拥有自己的房屋，因为"他们再也不能轻易罢工了"[14]。威廉·J. 莱维特（William J. Levitt），一位早期有名的郊区开发商，在长岛一片荒芜的郊区兴建了 5 万户住宅，命名莱维特镇（Levittown），他在 1948 年这么说道："没有人在拥有自己的房屋和土地后，还能够当一名共产主义者，他得忙着工作还钱了。"[15]

约瑟夫·麦卡锡（Joseph McCarthy），这位参议员因为追查被他质疑为共产党的好莱坞影星而声名大噪，然而在此之前，他就曾指控社会住宅、公共住宅的兴建是共产主义的思想。1948 年，当联邦政府拨款为退伍军人兴建住屋，他评论这样的政策将成为"共产主义的温床"[16]。

对麦卡锡等人来说，郊区所代表的资本主义，在经济、道德和理念上都较合乎道理。罗伯特·摩斯（Robert Moses）曾在纽约各个政府部门任职[17]，在任时间最长的是公园处处长，他不遗余力地将纽约周边郊区化，反对兴建公共交通系统，罔顾穷人，支持汽车导向的城市发展。摩斯任内发包兴建了超过上百座桥梁，用来连接纽约跟周边郊区，但几乎所有的桥梁的高度都不足以让公交车通过，间接妨碍了仰赖大众运输的穷人和黑人通行。

1942 年，摩斯写了一篇文章歌颂 19 世纪时巴黎的改造，乔治—欧仁·奥斯曼（Georges-Eugène Haussmann）在拿破仑三世（Louis-Napoleon Bonaparte）的委任下，将巴黎改造成有着宽阔放射状的大道，今日我们所熟知的"光明之城"。巴黎的重建有三个目的：吸引法兰西帝国中多余的流动资金，让当时高失业率的劳工阶级可以就业，遏制在巴黎市中心酝酿的左派社会主义运动。这个计划大获成功，老的小区被夷平，不满的工人有工作做（因此降低了参与革命运动的可能性），巴黎从一个粗糙的工人阶级城市，转换为鼓励消费与观光的城市。奥斯曼证明了都市规划不只是经济发展的工具，也能重组城市的社会和政治结构。然而如同其他的资本主义式发展一样，这样的成果并不永续，15 年后，大型的开发计划导致法国的经济大萧条，社会主义革命重新席卷巴黎。尽管有奥斯曼失败的案例在先，摩斯在美国还是推动一系列类似的建设计划，其他的都市规划者也争相效仿。

1940 年代时，意识形态保守的美国相当动荡不安，尽管第二次世界大战解决了大萧条时代的经济问题，文化和政治形势却不稳定。女性工作比例上升，在政治和经济上逐渐独立于男性，同志运动开始在许多主要城市酝酿，特别是旧金山和纽约，工会运动也开始兴盛。美国看似将走向自由主义，而郊区是重建保守价值的一种方式[18]。

美国的郊区化促使白人进入私有制、反社群的生活方式[19]，鼓励传统的性别分工（女性担任家庭主妇，男性出外赚钱），也重新具体化了种族的边界——白人、黑人、拉丁美洲和其他少数族裔彼此之间的区隔。

都市的社群生活被郊区鼓励的消费主义所取代——通过购买物品来建构生活的意义。赫伯特·胡佛（Herbert Hoover）总统在当权时，一度跟美国人民保证"人人都有居所，每间车库都有私家汽车"，他对美国人提出未来富裕的图像，是每个核心家庭都居住在独栋的房子里面，拥有设备齐全的厨房和自己的车库。

郊区一开始就是人为建构的概念，充分反映了美国资本主义、个人主义、父权、种族歧视的一面。郊区并非是自然衍生、合乎情理的地理空间，起初，连富人对于搬到郊区都有些迟疑。

人们为什么要搬离自己的工作地点，居住在一个远处的孤立小区呢？因此一开始，社会创造了各种文化和经济理由，向消费者推销居住在郊区的好处。1940 和 1950 年代，杂志里充斥着郊区的建案广告，试图向美国人宣传郊区生活更高尚，是能够化解市区万恶生活的解药。有些广告由开发商刊登[20]，像是零售界的西尔斯公司（Sears），出版书籍鼓励人们设计自己的住家，然后再由西尔斯公司建造。其他的厂商则鼓吹郊区的好处，向人们促销一系列在郊区居住会用到的商品——包括烤吐司机、洗碗机、新的冰箱等。在通用电气的广告里，一个军人正画出标准郊区房屋的轮廓——一个方盒子上面有个三角形屋顶，而一个女人则拥抱他表示感谢。这个广告的目的是在鼓励女性购买战争债券作为投资，等丈夫从战场上回来，他们就会有足够的钱买房子，在屋里放满各式各样通用电气的家电。郊区也许不方便、昂贵，但投资郊区是一种爱国的行为。

电视成为促销郊区文化最重要的媒介。耶鲁大学建筑系教授多洛雷斯·海顿（Dolores Hayden）认为，电视的普及跟郊区在 1950 年代的兴起密不可分。在电视的宣传里，郊区生活看起来自然、欢乐，是标准的美式生活。在情景喜剧或戏剧里，充斥着家庭主妇满足地使用家电的画面，男性则开着新车到远处通勤（通常是这些家电和汽车制造商所做的植入性营销）。文化评论者卡拉尔·安·马林（Karal Ann Marling）这么写道："在客厅里看电视的人，像是炫耀展示，呼喊着：看看我！看看我的家，还有我的彩色电视！"[21]

在第二次世界大战之后，郊区在冷战期间成为对抗苏联的一种文化意象。1959 年，通过电视转播，副总统理查德·尼克松（Richard Nixon）跟苏联领导人尼基塔·赫鲁晓夫（Nikita Khrushchev）公开辩论，尼克松站在一个美国郊区住宅模型前，对着各式各样现代化的电子用品列数美国文化的优点。这场辩论后来被称为"厨房战争"。尼克松说，从烤箱、电视、罐头到百事可乐等种种物品，都是美国生活方式优于苏联的证明[22]。

好莱坞也加入了这场政治宣传[23]。1961 年在《单身天堂》（*Bachelor in Paradise*）这部电影里，鲍伯·霍普（Bob Hope）饰演的作家，前往加州的郊区撰写一篇有关郊区生活的评论文章，他最后爱上了当地的房地产经纪人，并且搬到那里。1948 年的《白兰丁先生的梦想之屋》（*Mr. Blandings Builds His Dream Home*）这部电影里，加里·格兰特（Cary Grant）饰演一名广告商，因对纽约的都市生活感到厌倦而搬到郊区。在迁居新家的过程中，处处出错（根据电影史学家的分析，这些问题多半呈现出当时劳工缺乏工会保障，而政府却以前所未有的力度补贴住宅兴建），最终白兰丁先生一家还是高兴地住进了郊区大宅。对于麦卡锡时代的白宫政府，这部电影显示了好莱坞对美国文化的忠诚，支持将郊区梦贩卖给消费者。这部电影也将通用电气的产品，还有各种油漆、地毯、钢铁公司的产品做了植入性营销。在此之后，开发商建造了许多"白兰丁先生的家"的复制品，在全美各地销售（电影原著的作者后来又写了书的续集，描述白兰丁先生家对郊区生活感到厌倦，全家重新搬回城市，但这本书没有被改编成电影）。

除了文化力量以外，20世纪中期从城市迁往郊区的迁徙潮，背后也受到数百万美金诱因的驱使，包括高速公路的兴建、房屋贷款，还有各式各样的政府补助。联邦住房管理局和退伍军人管理局贷款计划为人们提供在郊区买房的资金来源，这些贷款计划让低收入的美国人，特别是黑人，困在市区内，而鼓励大量的人口移出到郊区。1950年间，有1/3的私有住宅受到联邦政府和退伍军人贷款计划的资助[24]。大量的贷款排挤了市场兴建低收入或平价住宅[25]，几乎所有新建房屋的资金，都流入独栋住宅。一直到现今，房贷仍享有税金减免（依据房价的高低决定多寡），政府补贴购买私人住家单元的免税额度，是公共住宅开支的4到5倍[26]。

郊区的运作有赖公路的链接，高速公路系统也同样受到政府补贴，创造出郊区生活方式成本较低的假象。事实上，美国的州际公路系统是历来最大的大型公共建设，总长度有48900英里，其中90%由联邦政府出资[27]。如今美国的道路建设仍主要由联邦政府负担，研究显示，开车的人只负担不到一半的真实成本[28]。

直到今日，郊区的建筑形式、交通运输，仍需要政府的补贴才能维持下去，所换来的，却是塞车、空气污染、孤立的生活方式、单调的街景，这显然是不合逻辑的。美国每年花在补助郊区建设的费用上，高达1000亿美金[29]，若没有政府对高速公路、燃油和房贷补贴的各项补助，郊区系统根本无法运作下去。这项偏颇的补助政策，也让人们产生错觉，以为过去的几十年里，美国城市一直在衰退中，郊区则欣欣向荣，而事实上，郊区只是获得了更多的政府资源罢了。

＊　＊　＊

郊区的发展模式极端不合理——在上百亿的政府资金投入下，数不清的美国人从城市迁出，搬入郊区。郊区生活的负面问题一旦显露后，有能力的人开始寻找不同的生活方式。最近几十年来，在郊区长大的小孩向往不同的生活，他们多数都决定搬回城市的中心。

想要逃脱郊区的欲望本身并不是坏事，郊区并不是适合美国人的生活方式，从进步的都市规划观点看来，美式郊区并不是永续的发展模式。更为合理的做法，人们应该住在密度较高的区域，彼此通过公共交通节点相连。这并非遥不可及，如同肯尼思·杰克逊（Kenneth Jackson）在《草原边地》（*Grass Frontier*）一书中描述，欧洲城市大多以这种模式发展。美国的人口和资本重新回到市区，穷人、中产阶级、富人有可能共存共荣于城市。毕竟，在郊区长大的年轻一代想要搬回城市并没有错，因为郊区是一个在经济上无法运作、环境上造成大量土地浪费的居住模式。

但情况并非如此，美国城市因为房价高升，没有办法容下所有人，郊区也因此持续存在。美国房地产协会（National Association of Realtors）是全国第二大的倡议组织[30]，仅次于美国商会（US Camber of Commerce），他们从自身利益出发，希望私人独栋住宅的市场兴盛。问题是，市区的私人住宅市场并非对每个人都公平。理论上来说，每个人都有居住在城市里的权利，但由于住宅存量稀少，区域规划又失衡，有较高经济收入的人才有较多选择居住所在的权利。而当穷人的居住权不受保障，我们可以预测，城市的地理学将持续重组——富人遗弃郊区，迁往市中心，而一向没有安稳栖身之地的穷人，会被推挤出来，被迫居住在有剩余房屋的郊区。

在全美各地，许多都会区已经有类似湾区的发展。走在旧金山的市中心，你已经很难看到有色族裔的居民走在街头，生活型店家、便宜的杂货店不多，卡斯特罗街里都是观光客，而非原本居住在当地的同志社群，城市已非原貌，呈现出净化、白人化后的新版本。

如果你想要看到原版的旧金山，你必须要到旧金山之外，到东湾的地铁站看看满是通勤的乘客，在尖峰时刻到港湾大桥看看身陷车流的人们，到旧金山的卫星城镇走访分租公寓和拖车公园。在这些边缘郊区，既没有大众运输，也没有所谓市中心，更没有社群的踪影。这就是缙绅化城市最终的面貌：它再也不像一个城市。

第四部

纽约

第 **10** 章

挽歌

谁有使用空间的权利？我感觉自己身在这个城市，从各方面来说，它也算是我的城市。某种程度上这说法很合理：我在纽约出生，在市中心长大，家族世居于此，我的成长记忆都跟这里有关，人际网络也都在这里，我用纽约人的眼光看世界（之前跟一个男性朋友去其他城市旅行时，他常抱怨我什么都要拿来跟纽约比较——食物、建筑、人）。但我属于士绅阶级，我的家庭也是士绅阶级，我的生活充满许多特权。有些追忆往日情怀的作家，想要从真实的纽约生活寻找昔日创意迭出、觥筹交错、奇异混乱的黄金时光，这氛围我也贡献了几分。但其实我的生活挺无聊的，偶尔来上几杯昂贵的咖啡。纽约渐渐收服我，但它却似乎比我还无聊。在布什维克、贝德—斯泰弗与展望莱弗茨花园（Prospect Lefferts Gardens）充斥着非本地人的咖啡店，在下东区（Lower East Side）酒吧的媒体聚会里、在宴会上，甚至同志酒吧里，我意识到——我得老实说——自己对身边一切相当冷淡。当然听起来有点夸张，但我愿意为此辩护：纽约形塑了我的人格，赋予我珍爱的内心生活，每天我都感受到这份人格和纽约的变化渐行渐远。我对纽约的感觉，就跟吉米·菲尔斯及乔·陶巴特对旧金山的感觉一样：像一处遗迹。

可能那就是为什么我在纽约最开心的时候都是独自一人的时刻，像是散一个长长的步时，我得以慢慢咀嚼跟这个城市的连接，我的身份认同和它如何有关、它的改变又何以改变我。我需要跟他人保持一点距离，才能消化那份广袤，欣赏它经历过的无穷无尽的失落，将转变内化进心底，才不至于被感受淹没。

我开始在布鲁克林区和曼哈顿散长长的步，有时追忆童年，有时探索我不知道的小区，看看哪些店关张了，哪些店还开着，哪栋大楼突然某天长起来，什么又神奇地依然如故。有时我会瞥见这城市之前的样子——一个街区，街上有垃圾，一两家熟食店，没有新的咖啡店，可能有一些人穿着蓬松的冬季外套，思绪只在自己身上，走路时眼睛直盯着地面。这些场景唤起了城市旧时的回忆，有那么一瞬我将这样的场景、关于老纽约的感官记忆套入整个城市，仿佛我的眼睛是台 X 射线机，很快扫过家园崭新的表面，发现不过是强加上的俗艳外层，并幻想着像剥下干掉的牛头牌（Elmer's）万能胶水那样把它们层层剥除。

最近某次散步，我决定从我儿时的家开始——我的父母还住在那儿——一路走向我现在住的布鲁克林区。我从西十一街出发，在西侧公路（West Side Highway）和哈德逊河的水岸码头前的最后一栋建筑物那里。这个码头曾经是工业区与水泥碎石场，现在种了当地的植物，辟建了单车道美化河岸。

这是我成长的地方。我母亲的双亲是"二战"大屠杀的幸存者，他们在"二战"之后来到纽约，落脚在布鲁克林的威廉斯堡，并在曼哈顿市中心开了一家织品店，草创事业。就像当时许多中产阶级的人为了提升生活搬到市区之外，他们搬去了新泽西，最后又搬回纽约，靠近纽约大学一栋有门房的公寓大楼。织品生意为他们家族带来财富，我母亲遇见了我父亲，他的家族也在纽约很久了，1960年代晚期他们定居在纽约市的北边，当时他们的经济状况跟纽约一样面临破产。我爸妈从嬉皮大学生变成心理学的研究生，他们第一间合租的公寓位于西十街，房租一个月65美元。我哥哥出生之后，他们就搬到十一街的现址。1980年代初期，这栋建筑物是街区唯一的住宅建筑，其他的建筑物大多停着垃圾车，我还记得一些燠热的早晨，我被窗外飘来的腐烂垃圾的味道熏醒。当时大家并不认为这里适合居住，因此我爸妈用很便宜的价格就买到：9万美元，比要价低了17万。

谈到在西村（West Village）成长的经验，很难不怀旧。我儿时的家离简·雅各布斯撰写《美国大城市的死与生》的地方只差几条街，虽说我是在那本书出版后的几年才出生，仍然可以感受到书中所提及的情况——我也是简·雅各布斯书中的角色之一。她写到街道提供郊区的人必须付费才能拥有的东西，像是安全感和社群，就是西村曾给我的。我十岁的时候，能够自己一个人走路到哈德逊街（现在被纽约市更名为简·雅各布斯路）

的小学，因为路上的人我都认识，爸妈根本不必担心。如果他们耽搁了，没办法接我放学，我可以和厄尼一起等待，他很友善，在附近街角卖三明治。我也可以去比萨店等，店家会给我几片免费的比萨。的确我也经历过成长的阵阵焦虑，但我成长的街区，从各方面来说都很像实境的芝麻街（Sesame Street）。

不过，从很小的时候，我就感觉到有些不对劲，旧日纽约给西村家庭般的无菌氛围蒙上了一层阴影。其他城市或许更破败，或许更刺激，但它们都与我无关，一方面因为我很幸运，过着安稳的生活，另一方面是当我长到懂事的年岁，西村的氛围正在快速消逝。我父母的公寓之前能往下俯瞰哈德逊河的码头，后来他们的窗户前盖了一栋公寓大楼，1980年代纽约的同志场景大多围绕着这里发生，一部关于时尚的知名纪录片《巴黎在燃烧》（*Paris Is Burning*）也在这里取景，酷儿艺术家大卫·瓦纳罗维奇（David Wojnarowicz）在这里和无数男人做爱，把他们写进《刀锋边缘》（*Close to the Knives*）一书，这本书也是我出柜时的精神支柱。但在我15岁的时候，码头上已经没有同志了。南边相隔几条街的克里斯托弗街（Christopher Street）在这几十年里繁荣起来，成为非裔和拉丁裔同志的乐土天堂。我在孩童和青少年时期，看过跨性别（trans）和非常规性别（gender-nonconforming）的性工作者走过华盛顿街（Washington Street），冶艳的男同志在克里斯托弗街的门廊下聚会。我知道我不属于这部分的纽约，我太年轻了，这是一个不同的时代。但我很珍惜在其中成长，或至少在旁边成长的经验。只是后来变化发生得越来越急，每年看到夜间走过华盛顿街的性工作者越来越少，克里斯托弗街的同志酒吧一家接一家关掉。我在这里留驻的时间，长到足以看到书和电影里形容的那个世界的尾声。

我以为这就是故事的结尾了。我年幼的脑袋也觉得同志村撑不了太久——人长大了之后就会搬走，生孩子，然后一切就会变了。但改变还在发生，甚至加速了，连方便家庭的中产阶级小区节点也纷纷关闭：我小学放学时会逛的便宜餐馆、二手珠宝店、古董店、我哥哥当童工的录像带店、我16岁时买烟的熟食店、华人区（比较好的那边）、另一个华人区（比较糟的那边）、比萨店、寿司店、酒吧、面包店、自助洗衣店、杂货店、药局——都在5年间纷纷关门了。

接着人们也纷纷离开，我记得有一天，有个男同志搬离了我父母住的那栋房子，他从我出生的时候就住在那儿了。那里已经不是同志村了，还有什么理由留下呢？没多久，那房子里剩下的艺术家也走了，没有人再每月维护房子。市中心几乎没剩下什么美术社或艺廊，后来一些从事专业工作的雅皮士也走了，假如郊区的机能越来越完整，他们何必还屈就在一个缺东少西的地方？接着有钱人也走了。缙绅化朝你潜行而来。白人嬉皮中产阶级没发现黑人同志不见了，专业人士没发现（或根本不在意）嬉皮士们离开了，有钱人没发现年轻的专业人士走了。然后就是你今日所见，剩下的西村：一家开给国际寡头权贵的高档卖场。

有一度我发现只剩下我父母、哥哥和我，还有一对久住的长辈（所谓的钉子户）混杂在新住户中。新住户与我们似乎非常不同，他们在走廊上遇见我的时候从不打招呼，进入大楼时会立刻把大门关上，好像担心被人尾随。我后来才知道他们有些人在投资银行工作，有人从事国防工业，有人是企业律师。他们愿意花上百万的公基金（每间公寓都要缴）来安装走廊的监视器，用低调的黑铁漆和昂贵的石材整修大厅。2015年西村举办年度同志大游行时，我们这栋大楼首次雇用保安，在门口检查出入者的身份。整个街区好似换了一个世界，除了贫瘠的美学、锦衣华服和美食之外，其他一切尽不入流。有钱人接管了街区，他们极度在意治安，而且完全不打算把街区变回原来那样。

　　布里克街上，好几家时尚品牌的精品店取代了原本的古董店，一家昂贵的西班牙餐酒馆取代了物美价廉的中国餐厅，一间酒吧取代了一家熟食店，一家高档熟食店取代了另一家，一家银行取代了另一家中国餐厅，某家贵得要命、我根本不知道在卖些什么的玩具店，取代了我哥哥工作的录像带店。同志不再在克里斯托弗街逗留，我幼时看见男同志裸躺的码头如今花费了上百万的市政基金整顿，现在有警察密集巡逻，到处是慢跑者和小婴儿。我一次次企图跟其他不在这里生长的人解释，看到西村变成今天这副模样是什么感觉，但他们不像我有张关于失落的心智地图，我唯一能说的就是遗憾，但他们永远没办法了解。

从前我因为太年幼而没能好好认识过去的纽约，但它之于我还是具体且真实，即使我所知或许只有阴影，如今感觉那就像场梦。站在西十一街的街角，脑中浮现我最喜欢的纽约作家的话语——小说家莎拉·舒尔曼、诗人艾伦·金斯堡（Allen Ginsberg）和詹姆斯·鲍德温（James Baldwin）——实在很难把他们的世界和眼前这个视为同一个。当我走过街道——走过迈克高仕（Michael Kors）和马克·雅可布（Marc Jacobs）的品牌店、路过一大群吃着20美元的蛋卷早午餐的观光客、经过一群不知道要怎么在人行道上走路却不挡住后方来者的人群，他们盯着街区的建筑物看，仿佛它是某间我消费不起的店橱窗里一件珍稀的商品——这和启发了无数作家和艺术家的纽约，是同一个地方。谁又能从现在的纽约得到启发呢？

从我父母的家看向东边，往西村边缘和曼哈顿的方向，北方过去一条街是魏斯贝丝艺术公寓（Westbeth），美国第一个政府补助的艺术聚落[1]。这栋建筑物老旧高大，外墙灰蒙蒙的，里面住着许多年长的艺术家，他们不愿离开这城市他们唯一还负担得起的房子。再往南一条街是三栋玻璃公寓大楼，由"明星建筑师"理查德·迈尔设计，2004年落成时便暗示着此区即将到来的剧烈转变：第一波、第二波、第三波的缙绅化已结束，第四波力量到了，这波浪潮里尽是买得起1500万美元公寓的人。迈尔的大楼是纽约最早的玻璃幕墙建筑之一，而今曼哈顿和布鲁克林区尽是蓝绿色的玻璃仿制品。往东一条街，是一区低矮的红砖屋，我童年时的许多朋友都住在这里，此区通过联邦补助的米契拉玛计划（Mitchell-Lama）资助中产阶级置业，米契拉玛计划对愿意以低于市场价格出租的房东给予减税和低息贷款。后来一家投资公司岛屿资本（Island Capital）买下这栋公寓，纽约州长安德鲁·科莫（Andrew Cuomo）[2]——他在当选州长之前就在岛屿资本工作——谈成一桩交易，把这栋公寓从米契拉玛计划里移除，转到市场上交易。米契拉玛计划旗下其他几栋建筑也正经历类似的过程，计划原本有 7 万户出租公寓[3]，如今减少到 3.5 万户。

再往北一点是肉品包装区（meatpacking district），就如它的名字，此区过去是包装肉品的区域。当我还小的时候，曾目睹血淋淋的牛挂在钩子上，穿着白色工作服的男人在户外餐车旁抽烟（这家餐车很神奇，旁边的店都倒闭光了，它却撑了下来）。高架公园（High Line）过去是废弃的高架铁道，后来被改建成公园，由市政府支持部分营运资金，民间团体管理。晚上的高架公园是关闭的，要不是它承担着游客中转站的功能，在这里聚会还挺不错的。观光客会从中城轻快地走过警力处处的高架公园，最后在我住的街区停下。

肉品包装区再过去是西切尔西（West Chelsea），以往也是工业云集的区域。2005 年，纽约运用最强有力的都市规划工具——土地使用分区管制（zoning）——将西切尔西的照相馆和仓库变成城市里最昂贵的不动产。前市长布隆伯格的市政团队将纽约市的大片土地重新分区，主要集中在工业、商业和高度密集的住宅区，开发商在这些新的分区里被赋予完全的自由。

大部分的新建案不需要提供平民住宅，而那些被要求提供住宅的建案，其占比之低、条件之宽松，实际上也完全不会造成影响。

　　造价高昂、装饰着蓝绿交错雾面玻璃门面的公寓大楼在切尔西、中城区，还有放宽了限高要求、改变了土地用途的一个个廊道地带流行起来。由于这些建物都有限高，你可以想见西切尔西的街道生活非常繁忙，但整个街区却依然死气沉沉。因为这些建筑物就像纽约今日的许多建物一样，与其说是生活的地方，不如说是资本游戏的场域。整个街区变成全球精英的保险单，他们认为比起股票，不动产是更稳妥的投资。一般很少有人真的住在这些建筑物里面，可能一年顶多一两个月。切尔西还不是最夸张的；一份《纽约时报》的调查发现，中城某区三条街范围内，57% 的公寓每年至少都空置十个月 [4]，曼哈顿区的"缺席屋主所有权"（absentee homeownership）自 2000 年起，增加了 70% [5]。就算你认为吸引亿万富豪到纽约来是个好主意，也很难懂为什么这些公寓的课税比例只有它们价值的 1%。基于纽约的税法，像这样崭新、高耸入云的亿元玻璃大楼 [6]，实际被课的税金会让人以为这栋建筑只值三四百万。甚至作风比前市长布隆伯格更激进的现任市长布拉西奥也没有要改变现况的意思。

　　越往东走，经过西村的外围和格林威治村（Greenwich Village），我忖度着简·雅各布斯曾视此地为每个城市的模范：住居和商业、旧与新、下层与上层阶级混合。她书中某一句话跃入我的脑海："我担心不真正了解（现在的街区）的人会有错误的想象，"她这么写，"就像凭着旅人的描述就画出犀牛的图像那样。"[7] 从来不认识一个地方的过去的人，也不会知道它的潜力。人们觉得现在的西村是一摊死水，不会想到它曾经对于穷人、工人和中产阶级的意义。

再看看西村现在的变化，我想到另一则简·雅各布斯的箴言："要把一个地方变得单调、贫瘠、粗鄙，天价资金、机关算尽和公共政策，三者缺一不可。"[8]

走过绿树成荫的十一街（我会说它是纽约最漂亮的街道之一），经过木兰烘焙坊（Magnolia Bakery），外头永远站着成群观光客，想要亲身感受将近 20 年前播出的电视剧集《欲望城市》（Sex and the City）里提到的滋味。到了第七大道（Seventh Avenue），我面前是圣文森特医院（St. Vincent's），或过去是圣文森特医院——这个小区医院，我的家人都来过至少一次。它关闭之后，原址改建成公寓大楼，现在这栋大楼已经盖满整个街区，每栋公寓要价 2000 万。街区尽头是一家不错的中式素食餐厅，但自从房租从每个月 5000 美元涨到 2.5 万美元，餐厅就歇业了。

继续走过十一街，就到了第六大道（Sixth Avenue）和联合广场（Union Square）。联合广场是整个城市里少数几个开放的欧式广场，我成长的时候，它正迈向缙绅化，现在它根本就是个购物中心。如果你从来没来过这里，想象一个意大利老城区的广场，但两侧不是市政机关或富丽的建筑，而是商店：名牌鞋连锁店 DSW、连锁药局沃尔格林（Walgreen）、诺德斯特龙精品折扣百货（Nordstrom Rack）和家电量贩店百思买等等。这里是宏伟广场极度资本主义的版本，但它并不是自然演化的户外购物中心，而是刻意施为而成。

1950 年代到 1970 年代，联合广场是纽约艺术界抗议和集会的场所，普普艺术家安迪·沃霍尔（Andy Warhol）的工作室"工厂"（Factory）和知名夜店"马克斯的堪萨斯城"（Max's Kansas City）*就在附近。但 1970 年代纽约破产，包括能源公司"联合爱迪生"（Con Edison）的董事长等一帮商业领导人提议要重新将联合广场发展成为完全的私营企业，"商业促进区"（Business Improvement Area, BID）就此接管联合广场，取代市政府的权力。"商业促进区"并非纽约独有，但它们在纽约有很大的权力，能独立运作一个健全市政机关该做的事，如规划街道、清整垃圾、维护区域治安。但"商业促进区"的雇员不隶属公会，他们的薪资很低，也没有特别的法令可以规范他们，这表示他们理论上不需要像政府机构那样对选民／市民负责。"商业促进区"只需要对提供资金的街区负责，区内成员的投票权是根据各商事的土地价值而决定的。今日，联合广场经常受到"商业促进区"的牵制，绿地周围围满"商业促进区"核准的拦网，保安和清洁费也是"商业促进区"支付。当然啦，也要感谢"商业促进区"，联合广场比起以前干净多了，但它却再也不是公共空间了。"我

们致力于吸引特定人士：年轻、有财力的消费者，他们通过《纽约》杂志和《老友记》来认识纽约……""联合广场商业促进区"〔正式名称为"联合广场合营公司"（Union Square Partnership）〕的发言人表示，"我们能够引导这些年轻的消费者想象联合广场的都会生活。"[9]

哈林区（Harlem）125 街的"复兴"也是类似的剧情：一群支持开发的非营利单位联手，引入连锁商店和豪宅。同时，媒体报道"新"哈林区的方式，好像它走向奢华和白人化是自然而然发生的。

我在第五大道（Fifth Avenue）右转，往第九街走去，我祖父母以前就住在这里。跟其他地方不同，这个街区看起来没什么改变，那家二流餐厅仍然屹立街角，大通银行已经存在很久了。不过，下方的第八街再往东，会转进圣马克街（St. Marks Place）—— 1980 年代纽约的朋克族出没地，现在变成了服务纽约大学学生的连锁店和餐厅。曾经见证不少朋克族发迹的知名俱乐部酒吧 CBGB，现在变成了约翰·瓦维托斯品牌鞋店。

再往南走就是华盛顿广场公园（Washington Square Park）和纽约大学（New York University）。纽约大学过去十年都在历经绅绅化的争斗[10]，想把已经很充裕的腹地触角伸到西村的历史区，这所学校与其说是教育单位，不如说已经变得更像一个企业，买卖地产、涨学费，再给领导人高额薪水来弥补。基于利益交换，市府也给予纽约大学政治上的支持和免费土地——最近纽约大学才被控告有计划地占据三块公有地，而此举是经过市政府首肯的。

再过去就是苏荷区（SoHo）了，纽约最早缙绅化的街区。苏荷区常被都市规划者用来当作范例，说明街区如何响应后工业时代的资本主义——从工厂到住家，从工业到零售业，但却忽略了街区往往是被迫"适应"这番改变。沙伦·祖金（Sharon Zukin）研究 1980 年代苏荷区的工业风住宅[11]，发现大部分苏荷区的制造业如果得到许可，租金又负担得起，他们就会选择留下来。然而，市府将土地重新分区，准许艺术家住在以前的工业厂房，并给予减税优惠，让厂房转盖住宅。

从第九街和第五大道，往华盛顿广场公园和苏荷区再看过去，一路看向曼哈顿的尖端"自由塔"（Freedom Tower），后改称为"世界贸易中心一号"（1 World Trade Center）——过去曾是世贸双子星大楼（Twin Towers）。这个基地没有遭到太多批评，因为建筑物占据的是空地，但在"9·11"攻击之前，双子星大楼就被公认是恶名昭彰的都市规划案例，它们曾是纽约最大的"都市再生"计划之一：腾出空间给巨型建筑，却让 3.3 万名在此谋生的人和小生意人被迫离开[12]。

规划者和政客常常想要假装我们已经度过了需要都市更新的年代——高速公路和超高大楼已经侵吞了街区（多半是黑人小区，不过在世贸中心的案例里，被驱赶的主要是叙利亚人），因为人们相信日后的发展会更好，而且不需要那么多的社会服务。但纽约在过去十年已经有好几起开发商推土机式地夷平小区，以"更有价值的运用方式"来取代旧有的街区生活的例子，双子星大楼就是这样。在曼哈顿最西边，哈德逊城市广场（Hudson Yards）号称美国史上最大规模的房地产开发计划，有自己的街区、办公室、公寓、卖店，至少 20% 的住宅让人买得起，但这样的住宅目前大部分还未成形，即使有，多半也会是 400 坪的工作室、600 坪的独栋单卧室套房。也没说清楚让人买得起的价钱究竟是多少：纽约以所有行政区来计算平均收入（median income）[13]，包含富裕的郊区，目前此区的平均收入约是 8.6 万美元。所以假设一个全新、可负担的住宅区价格设定为地区收入中位数（AMI）的 60%，就表示年收入 5.2 万美元的人可以买得起。纽约市也正被此区盖新地铁站需要的 6.5 亿美元套牢[14]。

近期再开发规划，最糟糕的案例就是"大西洋院"（Atlantic Yards），在东河（East River）对面的布鲁克林区。这桩地产规划最近更名为"太平洋公园"（Pacific Park），包含了上千套公寓以及布鲁克林篮网队（Nets）的球场，由帝国开发公司（Empire State Development Corporation）打头阵。虽说帝国开发公司是国营机构，它却不用像真正的公共开发案有同等的公众意见投入。布鲁克林将地区中心的国有土地以低于市价的价格拱手让给地产开发商布鲁斯·拉特纳（Bruce Ratner）[15]，但说好的上千个工作机会却从来没有兑现，新球场又在布鲁克林市中心、格林堡（Fort Greene）、展望高地（Prospect Heights）、波恩兰姆小丘（Boerum Hill）和公园坡产生了缙绅化的涟漪效应，迫使独立店家关店，能负担更高租金的连锁商店取而代之。规划外围地区的房屋租金都水涨船高。市政府和联邦政府对这一规划的补贴超过 20 亿 [16]，由市府独立运作的预算局（Budget Office）发现"大西洋院"会给市政税收带来净损失 [17]，但几乎每一个纽约政客都支持这个开发案。布鲁克林区当时的副区长马科维茨（Marty Markowitz）甚至亲自到中国寻找投资者，"布鲁克林是'大西洋院'背后那百分之一千，是百分之一千！"他说，"没什么比中国和布鲁克林携手合作更棒的了。" [18]

我继续散步，在第九街左转，经过东村边缘和下东城（Lower East Side），我对老东村不熟，所以很难妥帖地凭吊，但我很了解新的街区，很容易想象以前的一切怎么都比现在更好——现在就是个户外购物中心，充斥着刚从学校毕业的高盛（Goldman Sachs）新员工，泡得起每晚 200 美金的酒吧，买得起足以挡住天际线的公寓大楼，他们会到当地人根本不会去的观光店家消费。这区曾经是酝酿朋克文化、无政府主义者、社会运动、拉丁裔权益组织、示威抗议和闲坐门廊的街道文化之地。我认识的人现在很少住得起东村，东村当前的西裔人口自 1980 年代起首次掉到 50% 以下 [19]。B 大道（Avenue B）往东是所谓的"罗塞达区"（Loisaida），因为波多黎各人会把"下东城"（Lower East Side）的音发得像"罗塞达"。2000 年到 2010 年之间，此区西裔人口少了 10%。这个街区是整个城市的缩影：自从白人出走，纽约的白人人口首次在曼哈顿的增加速度比郊区还快 [20]，而郊区的非裔和西裔的人口则成长得比曼哈顿快。

我走过此区可能算是最有名（或最不有名）的土地：汤普

金斯广场公园（Tompkins Square Park）[21]，市有地，范围有一条街那么长，1980 年代是吸食海洛因的人和政治分子钟爱的集会地点，也是纽约第一波对抗缙绅化的地方：1988 年，群众集结在汤普金斯广场公园，抗议公园周围越来越高的警力戒护，反对外围建筑被改建成奢华公寓和租屋。"缙绅化是一场阶级战争"，一句标语这样写着。警方企图包围群众，最后整个公园有上百名抗议者和 450 名警员爆发了一场小小的暴动，纽约市的公民投诉审查会（Civilian Complaint Review Board）接到了121 件关于本事件处理手段太过粗暴的投诉。

激进分子特别把这一事件，看作警方与缙绅化的共谋：即便并非纽约市警察局（NYPD）的成文规定，当小区开始面临缙绅化，黑人和拉丁人种遭遇的暴力和警方羁押事件也开始增加。1990 年代早期，前纽约市长朱利安尼（Rudy Giuliani）时期，纽约市警察局长比尔·布拉顿（Bill Bratton）发扬了"破窗"（broken windows）*执法，针对随手扔垃圾、横越马路这样影响"生活质量"（quality of life）的小罪也逮捕开罚，以避免更大的犯罪产生。这种执法方式特别冲击有色人种和贫民，但即使是最开明的纽约市长如布拉西奥也大力实行这套策略。缙绅化和执法手段的后果值得留意：有 12 万住在纽约的黑人身陷图圄[22]，家园动荡，因而就更容易被白人或外来资金乘虚

---

* 破窗理论相信，社会秩序如同一间破了窗的建筑，若不立即修补，蓄意破坏者会打破更多窗户，引来入侵者，最后导致占屋，甚至是纵火。因此主张无论是多微小的犯法行为，都应该严厉取缔，避免引起更严重的犯法行为，以维持秩序。

而入[23]。

1988年的抗议事件之后，汤普金斯广场公园戏剧化地成为
警察的助力：市府重新规划公园，用围栏隔开每片草地，把通
道弄得弯弯曲曲以避免大型集会；公园里容纳得下抗议活动的
开放空间也被指定为狗狗运动区。

走过汤普金斯公园，我在B大道右转，再走大概十条街到
德兰西街（Delancey Street），经过另一个市政府支持的开发案，
目前仍在施工状态。曼哈顿下东城的开发案"飞跃艾塞克斯"
（Essex Crossing）将会在下东城和中国城的交汇处建起上千户
玻璃门面的公寓楼，这里是，或者说曾经是纽约文化最多样的
区域。"飞跃艾塞克斯"位于纽约依旧生气勃勃但快速缙绅化的
中国城区入口处，它将攀上发迹于东村的40年音乐和艺术的历
史的巅峰，也会在不久之后取代一直驻留于此的拉美社区。我
看着它，向左转，走过2公里长的威廉斯堡大桥，前往布鲁克林。

* * *

就像西村一样，布鲁克林再次让我思考缙绅化如何抹平集
体记忆。我无法想象纽约之外的人搬到布鲁克林时有什么看法，
他们知道自己搬进的街区在10年前，不会在白天任何时间看到
任何白人吗？他们知道拍卖网站"克雷格列表"（Craigslist）上
标注着"新装潢"的公寓，曾经住着其他想要在那个地方好好
生活的人，直到脚下的土地变得太值钱吗？住在这里，很难不

感到愧疚，我不知道缙绅化支持者是否也这么想。我就是骨牌效应的一个实例。我负担不起住在曼哈顿，但我知道能够留在曼哈顿，代价是抹灭他人的文化和家园感；在西村看到一个拥有古驰包的女人，在我内心生起的焦虑，应该跟一个土生土长的布鲁克林人在布鲁克林看到我一样多。我试着避开潮区，试着支持老店，但也常失败，就算我一直坚持下去，所能做的也就是这么微薄。就像西村，布鲁克林的转变已不可逆，而我也是其中一分子。

问题是，这整个变化的力道比我大得太多，而且已经走到今天，我该如何阻止它呢？大规模的迫迁，意味着越来越少人能为自己的小区记录历史，后来来到布鲁克林的人就只会知道哪里很潮、哪里很贵、哪里有好吃的早午餐。如同莎拉·舒尔曼所写，缙绅者"看进镜子，觉得那是扇窗户，相信企业力量和自己的成功史，是世界上自然又绝对的样子"[24]。说"布鲁克林就是布鲁克林，因为它是布鲁克林"，是个循环逻辑——布鲁克林已经是全世界嬉皮士仿效的一个品牌，在许多深夜的模仿秀里被当成笑梗。缙绅者是如何忽略布鲁克林本来的样貌，反而视之为缙绅化这套强猛系统影响的结果？

"关于缙绅化思维，本身有些愚蠢的部分，"舒尔曼写道，"这种做法只是简化、掩饰人们真正的样子……缙绅思想很像基督教基本教义派的中产阶级版本，是一个庞大、难以意识的计谋，充斥着同质的模式，而没有觉察到自身的诡异。追随消费世界的身份认同而非实际生活经验——缙绅思维根植于这样的信念，而且认为这套信念本身就是常态且价值中立。"[25]

我每天都会遭遇这样的心态，并会思考我是否受它影响——走在往酒吧的路上，瞥一下手机，我是舒尔曼说的那种人吗？没有国家的支持，缙绅化就不会发生，必须要习惯或刻意忽略缙绅者的心态。如果人们知道自己也是促成白人霸权和小区的经济清洗（economic cleansing）的一分子，早午餐可能就不会那么诱人，花 3000 美元租个街巷深处、交通不便的套房式公寓这样的做法也令人狐疑。个人无法造成缙绅化，但他们——其实就是我们——可能就是共犯。

缙绅化似乎总是伴随着上述的思维发生。史学教授苏莱曼·奥斯曼（Suleiman Osman）指出公园坡在 1950 年代和 1960 年代缙绅化的过程里，报章杂志充满缙绅者尴尬而武断的发言，他们对新街区的美好一无所知。一个从格林威治村搬出的人在地方报抱怨没有咖啡店，没有好的爵士酒吧，没有"海滨步道沿岸的春景艺术"。时尚杂志 VOGUE 的另一篇文章描述一个女人遇见她的电工邻居，"一个精力充沛的意大利年轻人，有张温暖又伶俐的脸孔，工作时哼着美妙的歌剧咏叹调"。这位电工邻居邀请她来品尝意大利干奶酪和萨拉米香肠。"在纽约，住在一个真正的小区里是件很奇怪的事。"这位移居者说道。你很难找到今日的布鲁克林有人能写出类似的愁思，原因有二：其一，因为街区已经彻底缙绅化，要找到真正的当地人非常困难；其二，纽约的缙绅者比起从前对媒体更加敏感，也对自己在街区的解体中扮演的角色有所认知——或至少能分辨出《纽约时报》在炒作新闻。但关于底特律和新奥尔良的文章或名言警句，今日听来也非常相似，缙绅者赞美新家园的住民有意志力和在地感。这种心态的延续提醒着我们，从缙绅化的一开始，人和小区都卷入商品化的历程，和平常的街道生活一起变成可以贩卖的故事，如同一场迎合缙绅者喜好的表演。

唯一的不同，就是这般傲慢的态度，现在相当受到国家力量和全球资本的支持。以布鲁克林的威廉斯堡为例，媒体报道一篇接一篇，讨论此地火速崛起的嬉皮士文化，但很少提到真正的原因：2005 年，纽约市政府重新划分威廉斯堡和绿点区（Greenpoint，基本上就是整个水岸）170 个街区[26]，允许高档公寓和租屋取代工厂及仓库，对此区的低收入者施加租金压力。私人企业如清晰频道通信公司（Clear Channel）捐款给纽约市政府的公园局（Parks Department），将此区一段水岸地带改成类公共的场地，有音乐厅和食物摊。曾因停运而引起一阵惋惜的地铁 L 线升级成尖峰时段每分钟就有一班。当然，在这些因素出现之前，威廉斯堡的缙绅化就开始了，但没有这些因素的话，基本上不可能把街区变成迈阿密海滩——消费主义的大金矿（法律上是因为使用分区规定，财政上则是缺乏可靠的交通运输）。纽约市也复制了这套成功的缙绅化模式——在其他布鲁克林街区推动土地重划。总之，在前市长布隆伯格任内，纽约市超过四成以上的土地都经过使用变更[27]。

"布隆伯格政府还满大方的，布鲁克林大部分区域都重划过，可以实行大规模开发，"2015 年某家不动产开发商这么对媒体说，

"接着，人们来此生活、成家、工作，做每个人在做的事。"[28]

没有人踩刹车——没有新的租金管制办法、没有公共事业振兴署（Works Progress Administration）时期新建的平民住宅——这个过程形成不合逻辑的循环：布鲁克林某些地方变得比下曼哈顿还贵[29]，这里的街区变成全美国房市最高不可攀的区域[30]。纽约作风激进的新市长在选举时获得压倒性胜利，他提出的政见是要供给人们住得起的住宅，现在又承诺要重新规划大量之前价位还算合理的街区，像东纽约，并预告一些新公寓会让大家买得起。但再说到这个区域的平均收入，究竟多少才是买得起，也是不清不楚。

即使价位不断看涨，通勤的距离越来越长，小地域的独特文化被一模一样的连锁店和豪华餐厅击退，人们还是不断移入，虽说好像没有人喜欢住在这里。19世纪的历史学者有句半开玩笑的话，说大英帝国并不是精心规划而成，而是漫不经心的结果。有时候我会想缙绅者是否也是类似这样误打误撞的行动。2014年，MTV电视网（MTV.com）刊出一份清单，标题为"纽约生存训练17式"，被疯狂转载，文中出现院子、洗衣房、烤肉架和车道的照片，作者举这些例子，哀叹住在纽约相较于住在郊区实在是大不易。我很好奇，这篇文章被大量分享，"那你干吗还住在这？"假如缙绅者不喜欢布鲁克林的生活，那为什么要把原本住在这里的人推到边缘，让他们住不起那些潮区，甚至干脆整个搬出纽约？

但这些新移入的人没有离开，反而在街区生根，带着已经内化的郊区逻辑，用在这里的街道上，像是坚持要有昂贵的食物和无聊的街景，塔吉特百货、沃尔格林连锁药局和公寓式建筑看起来比较像封闭小区（gated communities），而非城市常见的大厦，四处充斥着健身房和水疗中心，有时还有网球场。到头来布鲁克林谁都没有赢，设施已经齐备舒适到文化消亡的地步，也没什么人住得起。一手打造街区的人已经不住在这里了，把街区变得无聊的人也不想住了。假如这就是缙绅化的结果，那还有什么意义呢？这个区域已经彻底毁灭了，就连"大西洋院"和周围街区的地产开发商森林城公司（Forest City Ratner）的执行长玛丽安·吉尔马丁（MaryAnne Gilmartin）也抱怨布鲁克林太无聊，难以销售。

"谁也不想看到布鲁克林变得这样寡淡无味，失去自己的特色，"她说，"有没有办法创造繁荣跟成长的同时，仍然保有街区的气质？"[31]

很明显，答案是：没办法。

第11章

纽约不属于人民

2016年，我哥哥和他太太及3岁的小孩被告知他们得搬离威廉斯堡的公寓。他们已经在那儿住了12年，那间小巧又租金尚可的公寓，即将被转建成公寓大楼，价格他们负担不起。他们隔壁邻居刚好是我的前男友，也被通知得搬出他一房一厅的公寓，管委会给他30天搬家。他现在在纽约到处跟人家分租房子，一边试着寻找预算内可以长待的容身之处。几个月后，因为我很担心自己会遇到类似的状况，便试着搞清楚我住的公寓的租金涨幅有没有受到管制。我向州法院提出申请，接着州政府通知房东，后来房东决定在对他有利的情况下不会涨房租。现在我的租金是月缴，一边等待州政府最后的决议，这可能会花上几年的时间。我哥哥一家、我前男友和我都是中产阶级，住在这城市非常不容易。

差不多同时，纽约市立大学巴鲁克学院（Baruch College）

和地方新闻电台"纽约一号"（New York 1）合作的调查发现，65%的纽约人很担心接下来几年会因为房价水涨船高而被迫搬迁[1]。这份研究的发现关系到经济和种族，低收入家庭、拉丁裔、黑人更容易担心涨房租，但其实每个人都很焦虑自己就是下一个被开刀的对象，甚至连那些年收入超过10万美金的人也不例外。这就是住房危机。

假如中产阶级甚至一些高收入的人都负担不了纽约的房租，工人阶级和穷人又该怎么办？我哥哥和嫂嫂很幸运，能住得起更贵的房子，即便他们得节衣缩食才能继续待在纽约。我也很弹性，我年轻，有钱，还不会太快结婚，我可以搞得定。其他人就只有一种选择：反击。

* * *

布什维克区的谢弗街（Schaefer Street）有一栋三层楼的塑料外墙建筑。10年前，移居者根本不会考虑搬进此区；5年前开始，有些人开始搬进来，所谓的"打头阵"吧。即使犯罪率高，街道肮脏，但这里仍然算是还不错的区域，离地铁L线只有几条街，L线直直通往威廉斯堡的贝德福德大道（Bedford Avenue），然后再到曼哈顿。谢弗街绿树成荫，邻近公园，安静，对面是学校，附近有很多停车位。缙绅化从西边开始侵蚀（布什维克区的单人房平均租金已经涨到2150美元）[2]，就像街区里的其他建筑一样，这栋建筑物也是大规模迫迁的显眼目标。差别只是它的租客不愿离开。

　　事情从夏日某天的一张通知单开始，每个租户的门下都被塞了一张。"这栋建筑物已经被拍卖了，"通知单上说，"请把租金转给以下住址。"36 岁的凯伦·吉内塔（Karen Genetta）立刻知道自己面临战斗。吉内塔是这栋建筑物内倒数第二个搬来的，在通知单来到之前，已经在此住了 8 年。这栋建筑物简直一团糟——走道残破不堪，前门还不能上锁——但租金非常便宜，1000 美元就能租到两个房间，每六间公寓里就有一间的租金是稳定的，法律规定了每年的涨幅。1969 年之前盖的建筑物，凡是有六间以上公寓的，多半都受租金管制保障，但那并没有让房东停手把布什维克数百间公寓大楼的人赶走。虽然没有太多数据显示究竟有多少人从受租金管制的楼房被赶出去，但只要沿着布什维克散步一圈，就会知道为数不少：看看布鲁克林正在改头换面的老房子，就能猜到租户是被非法强迫驱离的。有时候房东会用 5000、1 万、5 万或甚至 10 万美元向租户收购，接受收购的租户并不知道这笔钱多快会蒸发，假设一个受租金管制的建筑物月租金是 800 美元，而市场行情是 2000 美元，5 万美元只能让你在新公寓住上几年。虽说这笔钱对勉强过活的人来说，感觉似乎已经很多。

　　这个案例里，钱并不重要，因为这群租户知道在此时的纽约，就算他们离开，也不会有地方可去。他们以前的房东很恼人，很少维修和打扫房子，常常很晚收租，但吉内塔和邻居忍耐下来，因为他们知道这很值，如果大楼被卖掉，那一切都会变的。

然后，那张通知单无预警地出现在门下。很快就有两个男人出现在大楼里自我介绍，接着冲进吉内塔的公寓说要看她的房间。她看得出来他们是在评估每间公寓究竟值多少钱，但其他事情她就不知道了：这两个男人告诉她自己的名字，但他们的公司没有网站，也没说他们到底是做什么的。几个礼拜以后，从这两个男人的"有限责任公司"（LLC）来了正式的表格，一张说所有租户都需要重新申请各自的公寓，另一张则宣称每间公寓都欠租7000美元。故事发展到这里，通常不知道自己应有权益的租户，就会开始离开。但这栋建筑物里一个住户联系了地方上有几十年历史的非营利组织里奇伍德布什维克长者理事会（Ridgewood Bushwick Senior Citizens Council, RBSCC），最近雇请了更多律师来抗议迫迁。

　　这栋建筑的租户开始着手准备文件——租金收据，历年来的汇票、租约。他们开始以电子邮件来跟踪和共享新房东的种种骚扰手段。某一周他们发现这栋大楼的垃圾被弃置在对街，他们怀疑房东指使管理员这么做，目的是为了让住户跟卫生署（Department of Sanitation）杠上；另一次他们发现大楼的监视器不是对向通道而是对着每户人家的门口。这群住户开始把所有的情报转知给里奇伍德布什维克长者理事会。他们采取的行动很单纯，但已经超过大部分人会做的程度。房东买下受租金管制的楼房，唯一原因就是他们知道大部分时候有办法把人赶走。当下一次新房东又来电时，吉内塔已经准备好了。

　　"我跟他们说，你们还要从我这边要什么的话，直接打给我律师，跟他谈，"她说，"然后他就哑口无言了。"

吉内塔和她的邻居们并非运动分子，纯粹只是因为没有退路，为了要留在家园，得起身捍卫自己。吉内塔有个房地产业的朋友，一直都在带顾客看对街的房子，格局类似，一个月租金 2500 美元。他们知道这是纽约唯一可以安身的地方。但吉内塔和她的先生雅各布很幸运：他们没有小孩，雅各布有份稳定的工作，而且他们的工作很弹性（吉内塔从事电子商务），有办法搬去德国柏林，雅各布的公司在那边，柏林的租金管制法更成熟。而其他住户并没有后路。

琳恩和伦赛住在 2L 公寓 25 年了；雷在这栋大楼里长大；海迪·马丁内斯（Heidi Martinez）住在楼上，她的生活因为事件的发展而压力日渐沉重，但她还是留下了。海迪现在 38 岁，她就在附近的谢弗街长大。

"我记得很清楚我 5 岁、6 岁、7 岁、8 岁、9 岁的时候，车行驶在布什维克大道，置身在这些楼房之间，"海迪告诉我，"当时感觉就好像在第三世界国家。"

海迪一家四处搬来搬去，最后落脚在布朗克斯。6 年前，当她要为自己和高中的儿子找间公寓，她找到了谢弗街这栋大楼。当时和今日已不可同日而语，海迪还记得玄关处总有人在赌博，还有一股杂草的气味。她搬进去的第一周听见门外有人，从孔隙向屋外望，看到几个人从大楼屋顶沿着梯子爬下，手上握着枪，非常吓人。到现在，她知道邻居不停换人，所以她试着采取行动。她拿到房地产经纪人执照，开始跟一家地方公司合作，兼职带顾客看公寓。刚开始这份工作进展缓慢，但突然间似乎出现很多人要申请她带看的每间公寓。她服务的公司告诉她不要接受任何申请，除非那个人的年收入是月租金的 40 倍。

"我拒绝了好几百人，"她说，"我想要给他们方便，弄到自己要抓狂了。"

她开始频繁听说收购的事情，她的公司要她载一位房子被收购的老太太四处转转寻找新公寓，但她找不到合意的。某天海迪意识到，同样的状况已经逼近到家门口了。她一个人在家，听见门廊的窸窣声，她望向屋顶下方的梯子，看见几个男人爬下来，这次是不动产估价师。

"那比带着枪的人还恐怖。"她说。

海迪现在的工作是药物顾问，她挣的钱不够她照顾儿子，不够付他的大学学费，还有支付房租之外的任何事物。所以假如房东最后想办法把她赶出去，海迪说她就要搬去佛罗里达，她儿子可以在大学毕业后搬去跟她同住。目前她还在适应不知道自己还能在这里待多久的压力。

"真的很折磨人，实在太恐怖了，"她说，"你不知道他们是不是要把暖气关掉，还是打算不做维修。但我们已经习惯了，我猜。现在这已经变成我们的生活方式了。"

下两段楼梯就是 1L 公寓，也就是梅尔文·皮特（Melvin Pitre）住的地方。梅尔文 40 岁，已经在这里住了 35 年，他的母亲在这间公寓为他办过 5 岁的庆生会，如今公寓迫切需要修缮。他的兄弟姊妹长大之后搬出去了，但梅尔文留下来照顾母亲。

我遇见梅尔文时，他坐在客厅里一张很大的仿皮躺椅上，对着一台小小的平面屏幕电视。这间公寓很朴素，但有生活的痕迹。5月，当大楼被卖掉时，梅尔文的母亲正与乳腺癌搏斗，也开始有些心脏的问题。当新房东来向梅尔文自我介绍时，他的母亲住进了加护病房。某天新房东打给梅尔文，告诉他没办法继续住在这间公寓，因为公寓登记的是他母亲的名字，他们说他得搬去别的地方，或者可以帮他找到每个月1500美元的房子，这金额是梅尔文和他的母亲现在房租的三倍。梅尔文在工地上班，但工作并不稳定，他负担不起每个月1500美元的房租。

可能因为梅尔文付的租金是整栋大楼里最低的，新房东费尽心思要把他和他母亲赶出去，找借口说大楼基座要维修，梅尔文的居住环境有危险。他恳求他们至少等到他母亲出院，但后来他母亲戴着呼吸机回到家里，新的房东闯进他的公寓，对他大吼说别跟请得起大牌律师的人作对。

"如果没有我妈，只有我一个人住在这，我想我会把他轰出去，"梅尔文告诉我，"我很挣扎，没这么做是因为我妈，她已经受了这么多折磨，最后还无家可归？那会让我崩溃。"他母亲在这件事后不久因为心脏衰竭去世。梅尔文最终选择上楼去跟吉内塔、海迪还有其他参与了里奇伍德理事会的邻居一起商量对策。

我最近面会过这栋大楼的所有租户，见面的地方在布鲁克林的住宅法庭，走廊上挤满许多其他类似遭遇的布鲁克林住民。一间法庭的外墙上贴着一张清单，上面罗列着当周要开庭的其他近百余栋大楼名称。几乎每栋建筑物的屋主都是责任有限公司，很难去辨识或追溯真正的所有者。谢弗街租户的律师——里奇伍德布什维克长者理事会的罗伯特·康韦尔（Robert Cornwell）起诉大楼的屋主，迫使他们做修缮，目前看起来成效还不错。当跟房东商讨细节时，大楼的五个住户站在门廊，开玩笑说着他们在过去半年的抗争后变得有多熟。他们看起来很像家人，海迪从梅尔文的衬衫上拽掉线头，争辩着事件落幕之后该去哪里度假。

他们的律师带着好消息步出法庭：房东必须负责修缮。这场抗争似乎落幕了，但律师警告这群租户，房东可能会各个击破，意图对他们莫须有的欠租提告，迫使他们离开，用压力击垮他们。警告言犹在耳，但这天还是令人感到胜利的喜悦，至少目前他们是安全的，每户人家都在窗前摆上"禁止收购"的红色粗体字标语。

*　　*　　*

纽约市正面临住宅危机。也因为它开明的政治风气、它的财富、它优厚的福利制度，相较于美国的其他城市，纽约最有能力处理住宅危机。不像其他城市，选民们还在为怎么解决缙绅化问题僵持不下（除了几个票数很少又没有政党资金支持的"抗议型候选人"之外，旧金山市长李孟贤没受到什么反对。其他城市的市长根本绝口不提缙绅化的字眼）。纽约人似乎齐心协力,想找出进步的方案。2013 年,纽约市民选出布拉西奥当市长,也说明了一切。布拉西奥本是个毫不起眼的候选人,他在民主党初选之前几个月的民意调查中都落在第四或第五,但他的竞选主张引起普遍共鸣——他承诺要整顿前任市长布隆伯格造就的"双城记"*。最后他当选了,领先温和派民主党的候选人两位数,并赢得大选几乎七成五的选票 [3]。

此刻的纽约比起美国其他城市,更有机会面对缙绅化的考验,虽说房租还是一样天天水涨船高,收入低的人还是被迫离开;不愿离开的人一天比一天面临更多压力,只为了要留下来。纽约比其他地方有更多武器,为什么还是不能阻止缙绅化的发生?

一部分的困难是,纽约的缙绅化历史超乎想象地深远,因此要挑战这件事,就如同要对抗这座城市百年来的政治。纽约是最早把缙绅化当经济手段的城市,要对抗它就像对抗洪荒。还不只这样,在纽约反对缙绅化,就等于起身对抗整套"成长机器"(growth machine)的理论,代表着激进的政治立场。纽约可能经济情况比大多数的美国城市好,但它还是仰赖房地产升值为主要收益,甚至有过之而无不及。

1900 年代早期,纽约的商业精英越来越觉得穷人住得离曼哈顿的商业中心太近了 [4],那里的土地很值钱,却被人群占

---

* 《双城记》(*A Tale of Two Cities*)原为英国作家查尔斯·狄更斯(Charles Dickens)所著的一部以法国大革命为背景的长篇历史小说。此处则指布拉西奥在竞选纽约市长时,以"双城记"为选战主轴,批评前市长布隆伯格重商轻开发,使纽约成为一座经济不平等的"双城"——一座是富人的城,另一座是劳工的。

据，充满破败住宅和工厂——当时城市稽查员曾发现有 42 万名工厂员工住在五十九街以南的区域。纽约一些最有钱的人便聚集起来，共同商讨要怎么解决穷人住得离市中心太近的问题。1922 年他们组织现在俗称的"区域规划协会"（The Regional Plan Association，简称 RPA），以纽约第一国民银行的行长查尔斯·诺顿（Charles Norton）为首，成员有长岛市的地产大亨罗伯特（Robert De Forest）、罗伯特的叔叔弗雷德里克·德拉诺（Frederick Delano）等。他们认为提升市中心成高级住宅和商业区，并且投资外围地区的土地有利可图，因此外围的工厂要被迫迁出。

这群人规划了一套方案，完完全全预测到纽约今日的样貌：1929 年的区域规划方案提到东河旁曼哈顿与布鲁克林侧的所有工业区 [5]，以及曼哈顿市中心全区，要从工业转型成商业或住宅。计划开宗明义建议将下东区的人移开 [6]，以"高档住宅"取代以往的平民家园，并要建一条高速公路通往华尔街的新大楼，因为下东区的新住民可能会在此工作。纽约最优秀的规划师和建筑师，包括约翰·洛克菲勒（John D. Rockefeller）和罗伯特·摩西（Robert Moses），在重建纽约的时候也高度依赖这套计划。

经济大萧条时期，大型开发计划暂缓，但纽约仍然致力于去工业化，用高价的房地产填满城市空间。去工业化几乎对美国每个城市都产生影响，但纽约是个特例：它刻意让本身的工业衰退。工业化 1956 年在美国其他城市达到巅峰 [7]，但纽约的工业——多半是小型加工和成衣业——在十年前就已经如日中天。这也是为什么纽约是美国唯一在去工业化时土地价值还会升高的城市 [8]。在其他城市还未跟上之前，纽约的规划者为新的城市形态铺路：集中发展房地产而非工业生产。1930 和 1940年代，纽约政府持续施压进行去工业化，同时政客们指出纽约的工业工作机会流失，是因为南方的便宜劳力以及全球化的必然结果。这是个迷思：美国的工业化衰退时，事实上在几个大城市之中，除了得州的圣安东尼奥（San Antonio）之外，纽约的劳力是最便宜的 [9]。

1950 年代晚期"区域规划协会"（RPA）支持的团体"当代土地分区市民委员会"（Citizens Committee for Modern Zoning）给纽约市施压，要求重新划分使用分区，纽约的去工业化状态进入白热化 [10]。大部分城市通过土地使用分区，隔开工业、商业和住宅使用（得州休斯敦是美国唯一没有做土地使用分区的大城市，但它的住宅区有其他禁制性的法律保护），但纽约把这套工具用得更彻底，可能远胜美国任何其他地方。虽然没有官方声明，但纽约主要就是通过使用分区来保持土地价值。假如工厂可以盖在第五大道旁边，那附近的公寓就可能变得便宜；如果整个纽约都被划作豪宅区，豪宅市场就会过度饱和，直至崩解。土地使用分区是为了让纽约的房地产市场价值保持稳定上升。纽约运用土地使用分区让有钱人享有特权，像西村或上东区就被划分为低密度住宅区，却又同时允许摩天大楼盖在长期贫困的区域。布拉西奥打算重新规划土地分区，以增加更多有市场价值又让人买得起的住宅，却很少提及西村或类似区域的状况，反而大范围地重新规划低收入的街区，如东哈林区（East Harlem）和东纽约（East New York）。土地重规划对穷人而言，一方面造成了不必要的打扰，一方面又让西村这些地方变得更珍稀昂贵[11]。

1950 年代，下曼哈顿充斥着大量的工厂，尤以苏荷区为最，这对城市精英来说似乎不太容易接受。"我不知道纽约还有哪里能有这么好的机会，可以不花大钱就能进行开发。"[12]约翰·洛克菲勒的儿子戴维·洛克菲勒（David Rockefeller）这么说道。市政府迫于"当代土地分区市民委员会"的压力，在 1961 年重新规划了几乎全市的土地[13]，几乎是跟随"区域规划协会"（RPA）建议的方案，限制曼哈顿大部分市中心的制造业，尤其是水岸区。跟戴维·洛克菲勒开发东河（East River）周边，特别是曼哈顿广场（Chase Manhattan Plaza）周围街区成为商业区的计划正好合拍。戴维·洛克菲勒当时是大通曼哈顿银行的首席执行官。

如果没有土地的重新分区，也就不会出现城市里大规模的工业出走。1959 年到 1989 年之间，纽约失去了 60 万个制造业工作[14]。当时许多美国的城市都面临去工业化，但没有一个速度像纽约那么快。

祖金针对曼哈顿市中心的小型制造业者做研究，发现大部分业者如果经济状况许可，都想要留在原地[15]。但土地重新规划意味着他们的楼房可能被转成公寓大楼，出租楼房比起工厂更有利可图，因而绝大多数的工厂都关门大吉。根据祖金的说法，苏荷区是"投资氛围下的产物"[16]，跟市区其他地方没有什么分别，不是个有真实生活的街区。同时，金融（finance）、保险（insurance）和房地产（real estate）（取英文字头，号称"FIRE"）的就业机会增加了25%[17]，服务业的就业机会增加了52%。效应就是有更多的FIRE业的人聚集在纽约，挤压了那些原本能在城市的工厂里挣得不错薪水的中产阶级的收入。

扼杀整个行业的就业机会，对经济会产生反效果，这道理或许并不出奇，但当纽约严肃看待1970年代以来持续恶化的就业率，政府官员似乎并不了解为何纽约的经济情况如此糟糕[18]。1947到1980年之间，纽约的制造业工作减半，中产阶级能做的工作不多，中产阶级小区陷入狼藉，整个城市几乎破产[19]。

纽约接下来的做法会成为全美国城市的样板——因为它是"休克主义"（shock doctrine）再发展策略的初始测试案例，卡特琳娜飓风之后所发生的，底特律现在所经历的，很大程度都可以追溯到纽约濒临破产之后的作为。

1975年10月17日，纽约市欠银行几近5亿，但市库却只有3400万美元[20]。当时的纽约市长亚伯拉罕·比姆（Abraham Beame）请求福特总统（Gerald Ford）帮助这座城市脱困，福特拒绝了。隔天《每日新闻》（*Daily News*）刊出的头条成为美国史上最有名的新闻标题之一："福特总统对纽约说：去死吧！"[21]（福特其实从来没有说过这些话，但他之前的一场演说显示他对纽约的财务烦恼毫不同情。）既然没有中央的及时援助，比姆便延揽了一位开发和公关人才理查德·拉维奇（Richard Ravitch）来共商大计。拉维奇建议的方案，如今看来司空见惯，当时却可谓十分激进：他打算减少薪资，解雇员工，关掉医院、消防站和学校。他也说服教师工会掏出 1.5 亿的退休金帮助纽约脱困。短短几天内，由于刻意掏空工厂劳力造成的财务危机，拉维奇和贝姆让纽约变成高度依赖政府的城市，不只是经济上，辞令和理念上都是。纽约市在破产之前，已经是福利计划州的代表，比姆和拉维奇终结了这样的日子。

时至今日，这个城市摇摇欲坠濒临破产的那段时光，被视为领导人拯救城市的榜样。2014 年拉维奇甚至被雇请去拯救底特律的破产[22]。但纽约当时的转变更崎岖，到处都有大型抗议活动[23]，工会聚集准备发起罢工，垃圾被丢到街上，抗议卫生预算削减。人们占领消防局，关注预算删减的情况，并请愿不要关闭大学校园。纽约的进步主义（Progressivism）*在垂死之前并非毫无反抗。

这般接近破产的状态不只是一种财务策略，也是实现一种新形态的新自由主义政府的手段。事实上，纽约在破产之后并没有削减太多预算，1980 年代早期，政府支出再度年年增加，名目更加繁多，但不是用在帮助穷人的社会补助上，反而是帮助富人——也就是补助开发。濒临破产让纽约成为美国第一个以缙绅化作为治理手段的城市。

面临破产危机的几年之间，纽约的精英分子开始宣扬这座

---

* 在这里指的是诉求增进社会条件的改革运动，例如争取劳动权益的改善等运动。

城市适合高档商务和观光。1979年一份由"20世纪基金会独立研究小组"（Twentieth Century Fund Task Force，另一个"区域规划协会"类型的组织，和官方关系密切）发表的报告，想象"后工业化"的纽约会成为全球资本的首都，"世界首屈一指的经济和文化中心"[24]。同时，纽约开启一系列观光宣传，包括"我♡纽约"的字样到今天都还在使用。此外，纽约市在发全国观光财的同时，一边有系统地削弱对都市贫穷区域的服务。这就是当代"城市即生意"的滥觞。服务纽约的穷人被视为无利可图，更有经济效益的那群人——观光客和有钱人——变成这座城市最渴望的座上宾。

"我们不应该鼓励人们待在离工作机会一天比一天远的地方，"住房与城市发展部（Housing and Development Administration）的部长罗杰·斯塔尔（Roger Starr）表示，"别再让波多黎各人和黑人移民住在都市里……该翻转整个城市的角色……城市不再是机会之所在……我们的都会体系仰赖一套理论，要把农夫变成工厂工人。现在既然没有工厂的工作机会，为何不让他继续当个农夫？"

他的发言引起众怒，斯塔尔下台了，但他的话语精准地代表了当时的都市政策。1970年代和1980年代南布朗克斯（South Bronx）整个街区烧毁的画面还刻印在很多人的心中，电影和书也描写过房东为了保险金纵火，帮派在街区断垣残壁的空壳里横行。很少人知道这样的状况，其实并不是恶作剧或绝望的住户干的，而是城市自己造成的：1960年代晚期到1970

年代早期，纽约市就有意识地清除贫穷区域，参议员丹尼尔·帕特里克·莫伊尼汉（Daniel Patrick Moynihan）曾在给里根总统的信中提到这样的手段："善意的忽略。"（benign neglect）。基本上是城市自己本身认为，移除贫穷区域的人比较好。

"火其实是一个小区病理状态的'关键指标'，"莫伊尼汉写给里根总统的信上这么说，"它们先到，其他随后跟上。关于纵火的精神病学诠释相当复杂，它跟贫民窟会产生的几种人格特性有关……当种族课题受善意的忽略到达一定程度，纵火的时机就出现了。"[25]

1976 年，纽约市裁撤了 34 组消防队，因为美国智库兰德公司（RAND Corporation）的研究报告认为裁撤这些消防站的影响微乎其微，但兰德公司员工当时的信件往来显示，有些人知道这份研究报告并不正确[26]。几乎所有关掉的消防队都位于布朗克斯（Bronx）以及曼哈顿和布鲁克林的贫穷区域[27]，后果直接且极为严重，大火摧毁了整个街区。在南布朗克斯的一些街区，八成的人口都在 1970 年代到 1980 年代之间迁出[28]，研究显示纽约衰退期间，大部分的火灾都发生在被裁减消防机关的区域[29]。如果你研究纽约消防站遭裁撤地区的火灾频率图表，你会看到在消防站关掉之后，火灾的发生率就突然攀升，接着就会趋向平稳——这表示那些街区已经没剩下什么好烧的了。火灾现场的鉴定报告也显示了最受影响的区域：南布朗克斯、东哈林区、绿点区、布什维克和下东区——以上所有区域今日都是缙绅化的目标对象[30]。总的来说，1972 年到 1980 年之间，根据流行病学家罗德里克·华莱士（Rodrick Wallace）的分析，有 200 万纽约人口被迫迁出正在历经缙绅化的街区，特别是城市水岸沿线 [31]。其中 130 万人迁至郊区，他们几乎全是白人，大概 60 万非裔和拉丁裔被迫迁到离市中心很远的街区。

这座城市的穷人和中产阶级在 1970 年代晚期饱受祝融肆虐和刻意忽略，市政府又一心一意将自己定位成企业思维的机关，无视穷人的需求，为传染性的健康危机埋下伏笔。艾滋病毒（HIV）就出现在纽约市政府决定不再照顾贫弱人口的时候 [32]。

艾滋病的传播，并不是一个要清空最缙绅化区域的阴谋，反而是清空这些地方的后果：切尔西、哈林、西村、东村在 1980 年代时艾滋病最是猖狂。上万名男性死亡，大部分都是同志 [33]，黄金地段释出大量的空公寓。市政府也开始把扫荡目标转往多元性别族群（LGBT）聚集的区域——也就是西边高速公路（West Side Highway）的码头和时代广场 [34]。市议会在 1985 年通过一份健康条例，导致全市的同志戏院都关掉了。

纽约外围区域火灾频传，多元性别族群的安全空间都歇业了，疾病加速传播，纽约市在 1970 年代和 1980 年代陷入危机，对有色人种、穷人、多元性别的纽约人来说尤甚。但这座城市开始有不同的度量经济的标准，而这套标准跟穷人和中产阶级的幸福无关。1970 年到 1993 年之间，美国已经流失了 130 万个制造业工作，其中纽约就流失了 48 万个。换句话说，美国失去了 6.7% 的制造业工作，而纽约则失去了 63% 的制造业工作——纽约的工业衰退速度大概是整个美国的近乎 10 倍。但同时，金融、保险和房地产这三大 FIRE 行业开始承担起越来越高比例的城市税收，缙绅化推动者的媒体发言权越来越大，因此当纽约在 1980 年代晚期和 1990 年代初期遭遇另一波萧条，艾滋病肆虐，布朗克斯到处失火，但除了最受影响的地区，几乎没人在意。这波萧条很严重：失业率高达 13.4%，三年内有 40 万工作岗位流失[35]。但媒体却毫无动静，政治人物似乎也不为所动，因为首先也是最重要的，纽约的经济体制已经变成房地产经济，房地产发展良好，似乎就是唯一要紧的事情。

第 **12** 章

反击

　　要争取地理正义，让城市无论收入高低都能安居，是个十分复杂的难题。该对抗什么？进入小区的嬉皮士吗？涨房租和驱离吗？国家和市政府的政策吗？联邦政府的住宅基金不足吗？收入不平等吗？以上皆是？要追究任一地如纽约的上述种种，等于要追溯过去一整个世纪的历史，以及根深蒂固又获利匪浅的房地产市场。从"区域规划协会"1920 年代提出区域计划开始，纽约的治理便与追求更高的房地产价值画上等号。今日，纽约的房地产价值总计价值一兆[1]，对抗纽约的缙绅化现象，就好像在对抗让纽约之所以成为纽约的力量。但那也代表这座城市的老调也能用来解释反抗缙绅化的努力："如果你能在这里头角峥嵘，你到哪里都无往不利。"如果社运分子能在纽约这个全球资本的中心取得胜利，那也许这种策略在别的地方也能奏效。

＊　＊　＊

展望莱弗茨花园坐落在布鲁克林展望公园（Prospect Park）东边的一角，这座公园是布鲁克林版本的中央公园（Central Park），两者都是由景观建筑师奥姆斯德（Frederick Law Olmsted）设计，也和中央公园一样拥有精心安排的美景，有潜力为周围的地产大大增值。这状况已经在公园的北边、西边和南边发生〔分别是展望高地、公园坡和温莎台（Windsor Terrace）〕，展望莱弗茨花园按理来说应该是开发商觊觎的下一个对象。这个街区很有缙绅化的潜力：到处都是气派的老别墅和"二战"前建造的大型公寓。1990 年，展望莱弗茨花园有大约 80% 的住户是黑人[2]，2010 年的时候，黑人的比例是 68%，黑人人口比例自那时就显著下降。一切都发生在高楼华厦进入市场之前，为街区带进新来的富有住民，大部分是白人。艾丽西亚·博伊德（Alicia Boyd）就是这样介入的。她是个 55 岁的社会运动者，全心投入在阻止展望莱弗茨花园全面缙绅化的事业上。

某个夏天我在布鲁克林一场小区委员会会议上第一次遇到博伊德，小区委员会会议通常都很沉闷，讨论些鸡毛蒜皮的小事。委员会是由当地居民组成的，在城市里没有什么权势，但他们却经常碰面，针对街区里发生的事情投票，可能是开发案，可能是某家酒吧要开张，或者要重新规划街道。我年轻时当记者去过难以计数的小区会议，所以我预期会议上大家会做一般委员会议会做的事：小声又无精打采地聊天两小时然后散会。但五分钟内，我就发现这里不一样。首先，这个会议室挤满了小区的人，是我前所未见的。我终于了解为什么：只要任何一个委员说话，博伊德就会从椅子上站起来，开始对着委员们叫嚣，说他们的会议不符合程序正义，说他们没有搜集足够的公共意见就进行投票。委员们试着让博伊德冷静下来，有些激动的委员甚至威胁要把她轰出去，但群众开始为她打气，好几个人也开始对着委员们大吼，很明显这是场精心布局的干扰。不到20分钟，会议就陷入混乱，不得不结束，本来要投票的议程也只好搁置。博伊德转向群众，微笑。因为扰乱布鲁克林小区委员会的九场会议，博伊德变得有点出名，或说恶名昭彰（看你站在哪一方）。媒体上她的每张照片都是她在叫嚣，手指指着那个刚好坐在她附近的官僚的样子。政客形容她粗暴得无可理喻，有些人甚至说她疯了。但当我和博伊德在她位在公园过去几条路、一条安静街道上的排屋见面时，她好像又是一个不同的人，身穿粉色绒毛长袍和拖鞋，喝着一瓶巴黎水，她很冷静迷人，而且似乎非常清楚她在做什么。很明显，博伊德根本不疯狂——她只是很懂怎么把事情做好，阻止新的开发案吞噬展望莱弗茨花园。那些叫嚣只是抗议跟表演，或许也是唯一能保护展望莱弗茨花园，免于它成为下一个豪奢国中国的方法。当我在小区委员会的会议上看到她时，其实看到的是一个登台的演员；而现在她坐在老排屋里的绒布沙发上，我才见到她台下的一面。

"不要以为我的冲动是不经大脑的，"她在她的客厅对我说，"不要以为我不知道自己在做什么。小区委员会并不是因为我吼叫而害怕，而是因为他们响应了我的吼叫，当他们响应的时候，我做记录，循循善诱，教化他们。"

当博伊德在会场时，总会有一台录像机持续记录，当她叫喊时，她让被录到的人说尽难听话。到目前为止，她的冲动已经让九号小区委员会的两名成员下台，但叫喊其实也是种拖延战术，只要博伊德阻止委员会向市政府要求土地重新规划，至少能保下部分的展望莱弗茨花园。

布拉西奥市长有意要在许多街区进行土地重新规划，目标是为中低收入户创造 8 万个住宅单元。但跟这些住宅一起兴建的是成千上万个市场价格的住宅单位，也就是包容性区划（Inclusionary Zoning）的政策：允许开发商盖更高的大楼，只要其中 20% 到 50% 的公寓是平民可负担的（虽然如同我们所见，什么样的租金水平算是"负担得起"，这点还是有很多争议）。但即使公寓的价格让人买得起，却还是无法预期引进市场天价的住宅到原本经济水平的街区，会对现有居民产生什么影响。纽约审计处研究预测布拉西奥在东纽约的重新规划计划会造成高达 5 万人迫迁 [3]。

经过几个月的调查和分析，博伊德发现街区在被重新规划之前，小区委员会必定会先请纽约市规划局（Department of City Planning）进行调查，所以她现在的任务就是绝对不能让九号委员会提交调查申请。过去一年半，她做得很成功。博伊德所住的街区附近每个委员会都在进行土地重新规划的调查，唯独展望莱弗茨花园没有，几乎要全然归功于她。

不过，开发的脚步还是步步逼近。有一个街区已经允许盖高层建筑，23层楼高的玻璃和水泥构成的高塔笼罩着整个街区，影子覆盖了公园。这栋大楼从州政府获得7200亿的贷款[4]，至少还有12栋豪华大楼预定兴建。假如纽约市规划局来到帝国大道（Empire Boulevard），应该也会把这里列入重新规划区。这里仍有许多空仓库，它们的主人最终将把这里作为商品卖给豪华住宅开发商。每个月都有越来越多的有色族裔离开这一地区。博伊德认识的好几个朋友都搬到了南部，她女儿也在租金每月都比上个月涨300美元之后搬离了纽约——她不是被刻意驱离的，但她近期也不会再回来了。

我问博伊德她为什么能坚持下来，竭尽心力，费尽口舌，一遍又一遍跟别人说明这个城市看似对低收入者友善的计划，实际上会带来毁灭性的结果。她的回答暗示了对抗缙绅化的这份努力没有尽头。

"这个国家的历史，就是一部黑人的抗争史，"她说，"我们反击的时候，改变就发生了。一起集结，挺身对抗，才是最重要的事。我们什么时候才能站起来说'我斗志满满，我忍不下去了'？我知道我斗志满满，我知道我忍无可忍。"

* * *

纽约过去两任市长政权，都证明了当前的政治制度面对缙绅化有许多限制。布隆伯格与布拉西奥并不是代表传统政治光谱的两端——他们在社会议题上都态度开明，都支持抽更高的税，比起大部分美国的市长，更支持建立昂贵的社会福利制度。然而，他俩对缙绅化和房地产开发的看法分属两派：布隆伯格很可能是几十年来纽约最注重经济成长和市场驱动力的市长，而布拉西奥则是纽约市 20 年来第一个赢得竞选的民主党市长，可能是纽约近期最开明、最支持政府介入的治理者。两人都没做什么来阻挡缙绅化，反而积极地推波助澜。

布隆伯格代表共和党角逐市长，2001 年 "9·11" 事件之后，他自费 7300 万美元投入竞选，不久后便胜选——普选时平均每张得票是 98 美元 [5]。他的竞选宣言大致上是说他会带领私部门进入公共生活，让政府运作更有效率，整个城市获利更多。当上市长不久，他开始拉拢开发商和高端企业，而不考虑把纽约带向豪奢之地的涟漪效应。

2003 年，布隆伯格和纽约市经济发展局（Economic Development Corporation）举办了一场不对公众开放的经济高峰会，限定纽约的百大成功企业人士参加。其中一场专题聚焦在吸引外资到纽约，另一场则探究纽约市之外办公区的急迫需求，以及要打造纽约"第一流的人才库"。

"纽约从来不会是做生意成本最低的地方，而是最有效率的地方，"布隆伯格在高峰会上这么说，"假如纽约是个企业，它不会是沃尔玛——它并不会想尽办法要成为市场上最低价的商品，它是高端商品，甚至也许是奢侈品。"[6]

两周后，布隆伯格在"市情咨文"（State of the City

address）上展现他对纽约的新定位，认为纽约必须与其他全球城市的精英和跨国企业竞争。"我们必须提供最棒的产品，然后强有力地推销出去。"他这么说[7]。

为了达成目标，布隆伯格派遣他的经济促进小组到亚洲和欧洲，招揽高端企业到纽约来。其中一趟旅程里，他接待了伦敦最富有的一群居民到他私人位于卡多根广场（Cadogan Square）的维多利亚式排屋。另外他还设了营销总监这个职位，帮助推销纽约给全世界的企业。

品牌营销还不够，布隆伯格比大部分的新自由主义路线市长更乐意向有钱人课税——2003年他推动一系列税金调升（大部分是所得税），为市府财库进账30亿[8]——另外他大手笔投资开发，在任期头五年就拨出14亿补助私人开发商。他支持补贴布鲁斯·拉特纳的"大西洋院"和瑞联地产公司（Related Companies）的"哈德逊城市广场"开发计划[9]。

布隆伯格拒绝在这波新的资本浪潮袭来的时候，给予低收入的纽约人一些保护措施。他的行政团队在公寓租金管制解除、迫迁激增[10]（布隆伯格最后一年任期时，就有将近2.9万迫迁记录）、中价位租金（median rents）升高75%的时候[11]，几乎什么也没做。当纽约人开始抱怨他们的城市越来越住不起，布隆伯格的答案基本上就是自己想办法就对了[12]。

2014年，布隆伯格已经就任12年（包含布隆伯格大力竞选，突破市长两个任期的限制，为自己争取到的第三任期，平均每张票的竞选经费创下174美元的纪录），民众以选票支持布拉西奥来表达对布隆伯格的失望，布拉西奥的胜选关键在他承诺要挽救纽约越来越严峻的不平等现象。布拉西奥承诺要开创一个新的进步时代，但布拉西奥政府却是近年最不稳定的，可能比布隆伯格更严重。也许是因为人们知道布隆伯格会给他们带来什么，而布拉西奥虽然承诺平等，却加倍实践布隆伯格推动的经济促进策略。

可以肯定的是，布拉西奥的住宅政策更加进步[13]：布拉西奥政府拨出 3600 万美元补助租户对付房东的骚扰，获准在重新规划区域盖房子的开发商要留出至少两成廉租公寓。在他的督导下，纽约开始为老人和艺术家盖更多市政府资助的廉租屋。但布拉西奥拒绝挑战将企业和住宅成长视为固有商品的理念体系，因此他也无力阻挡毁坏纽约街区的成长机器。多亏了他的进步政策，这部机器比起布隆伯格时期不那么钝，但仍然破坏力十足。毕竟，布拉西奥承诺住得起的住宅，是因为这些新的豪华公寓已经要在租金快速上涨的区域盖起来了，他甚至释出公有地给豪华房产开发商，好弄点钱来修整纽约现有的公共住宅。这位市长说，这是让困窘的纽约市房屋局（New York City Housing Authority）出手维护旗下房产的唯一方法，但社运分子视此举为吞噬公共空间。虽说纽约市的私人地产商非常讶异布拉西奥政权如此支持开发。他的左右手，负责住房和经济发展的副市长艾丽西亚·格伦（Alicia Glen），并非来自左翼智囊团或非营利组织，而是来自投资银行高盛集团，她负责监管投资纽约的 30 亿资金[14]。

2015 年，我刚好有机会跟格伦同席，得以请她谈谈纽约的住宅危机。这场访谈显示她知道该采取行动，但她并没有办法从根本上挑战缙绅化。布拉西奥和格伦都是进步主义者，但不从根源来挑战不动产市场的话，他们的愿景将十分局限。我问她是否知道人们担心土地重新规划之后无法待在本来的街区，而这些重新规划行动是她工作的机构所推动的，她的回答跟布隆伯格类似：那就想办法。

"为什么这么多人对这样的情况反感，是因为他们害怕改变，"她说，"我不想要我的干洗店换老板，因为我已经认识他们好多年了，这让我很有压力，我不要改变。但改变不可避免，重要的是你应如何规划自己的未来，而不是让它淹没你，因为未来正在到来。"

格伦表示，布拉西奥和布隆伯格政权的不同在于，发展是伴随着给穷人的住宅和基础建设一起发生的。她还是坚持经济成长是必然的，而且对城市有利。

"我们的市政工具箱里有好些工具，"她说，"我们无法改变整个资本主义的历史，我们不是革命家托洛茨基（Trotsky）。你只是试着把某些发展的成果重新分配给需要的人。"[15]

格伦摊在我眼前的，无疑是纽约过去几十年来比较进步的视野——更多平民住宅，致力于保护穷人免受资本主义的冲击。她和布拉西奥市长提出的政策，实际上是美国最进步的。但这些都还不够，纽约还是在继续缙绅化。假如美国没有一个进步的市长政权能够釜底抽薪，解决街区的崩毁和住民的迫迁，就表示需要更大的、更根本的转变。

＊　＊　＊

市政介入是个好起头，但缙绅化已经是必须以全球尺度来看待的问题。市长着眼于吸引资金和工作机会，忽视为弱势群体服务，在住宅和经济政策缺乏国家层次整合的状态下，也是符合逻辑的选择。资本比以往更具流动性，假如像底特律或新奥尔良这样的城市不去迎合银行、企业或评级机构（ratings agencies），就没有办法借钱来做基础建设。这是造就城市不平等的借口吗？但城市能做的就这么多了。纽约和旧金山状况好一些——它们的产业稳定（金融、科技业），撤离的代价太大，这也是为什么纽约能够在税务激励较少的情况下，还能留住企业的原因之一。但格伦是对的：这个城市的工具箱里只有某几样特定的工具。纽约市无法推翻资本市场（而且它的领导者也不想），即使像是调整租金管制这样的小小改变，也要仰赖阿尔巴尼（Albany）的州国会提出法案，而州国会对纽约市一直都不友善：任何特殊立法或法案，都可能被视为反商业。更大一点的改变——像是再盖下一波的公共建筑——则需要更多钱。纽约有全美国最活跃的公共住宅体系，也是唯一还没有推倒高层公共住宅的大城市，但纽约市政府也几乎无力维护它们了，它们的存有数量越来越少。要继续保留它们的话，需要新政（New Deal）等级的联邦基金资助。

在美国，住宅并不被视为一项人权，人们住在特定地方的能力跟市场的风向有关。要挑战这点听起来很激进，但只有在美国才显得激进，同样地，全民健康保障也只有在这里才显得争议重重。大部分其他工业国家已经体认到市场不会为中低收入族群服务，因此做了相应的修正。美国已经远远落后。

当然，美国在采取比较健全的住宅系统之前，还有很多事得做。在这个国家，甚至像孩子要得到生存的食物，究竟要以粮食券（food stamps）还是免费营养午餐的方式供给，都还在国会里争论不休，期待一个合理、平等且慈悲的住宅政策，可能还有很长的路要走。要达成这个期望，挑战的不只是住宅和经济政策，还有结构性的种族主义。这也表示要和其他行动联结。而郊区既是个经济体，也牵涉到种族、性别和政治这些将保守价值观进一步固化的概念。反缙绅化（anti-gentrification）行动必须要认知到自己建构了什么，以及行动所投入的心力，可能对不同群体造成迥异的影响。如果要挑战缙绅化，就必须松开种族主义和性别歧视的大网，它们已然织入住宅和都市发展政策里面。有多少都市规划和经济发展的课程在谈城市里的种族和性别[16]？哈佛大学的规划课程在全美数一数二，却也没有一堂这样的课，更别说其他学校了。

但那并不表示缙绅化是不可避免的。城市、资本主义和不平等都是人为造成的，而且是晚近才有的。我们付出了巨大的努力，打造出如今不平等的、伤害环境和精神的生活方式，要改变这一点也需要同等强大的力量。

差不多60年前，简·雅各布斯就发现我们需要改变看待城市的眼光。"私有投资形塑城市，但社会观念（和法律）会形塑私有投资，"她这么写道，"首先要有我们的理想想象，然后社会机器就会实现那个想象。"[17]

但简·雅各布斯的理论缺少关键的种族与阶级分析。很多人都知道我们想要、需要什么——更好的住宅环境、更好的学校、更好的公共交通、更多钱——但他们的公民权却遭到剥夺，无法得到这些资源。所以，要解决缙绅化，不是搞定经济或都市规划就够了，而是与民主相关。假如住在城市里的人、这些让城市实际运作的人，能够掌握他们自己的命运，城市会变成什么样子呢？

某个秋天工作日的夜晚，我参加了"布鲁克林反缙绅化阵线"（Brooklyn Anti-Gentrification Network）的规划会议，这是一个由街区里大概15个有色人种领导的社运组织共同集结起的伞式团体（umbrella group），一起对抗租屋骚扰、不平等发展和警察暴力。曼哈顿中城一个普通的办公室，里面挤满大概一百人，很有礼貌地讨论对抗缙绅化的策略。一个房间塞满这么多代表不同利益和背景的人，他们的对话可说极度冷静又富有成效——这在社运团体里很少见，也许还意味着人们已经受够了缙绅化会终结内讧的说法。

"小区管理就是我们的主轴。"博伊德对全场说。

然后他们在房间里来回走动，表达彼此的诉求。大部分都跟纽约直接相关：给开发商规定减税期限，布拉西奥政府要更公开透明。他们认为本地抗争效果最好，假如扩展到全市或全国，就会稀释他们的力量。不过，我谈过话的几个参与者都明白，这只是更大抗争中的一小部分——他们的奋斗不只是为了个人、不只是为了街角新开的咖啡店。他们知道自己做的是地方的反扑，但它联结到全球的努力，要让市井小民的决策，成为建构小区的核心力量。

　　几周之后，我听说"布鲁克林反缙绅化阵线"在布鲁克林博物馆（Brooklyn Museum）外发起一场抗议行动，显然纽约几个最有权势的不动产公司要到博物馆里参加当年的高峰会议，博物馆也是该区最大的文化机构。布鲁克林区区长埃里克·亚当斯（Eric Adams）和前纽约州长艾略特·斯皮策（Eliot Spitzer）预定要发表演说。议程包括小组讨论如"小区消逝了！过饱和市场的增值机会"和"布鲁克林正当时：布鲁克林发展的下一阶段"。国家、资本、文化机关三方一起把布鲁克林带向缙绅化——这个象征意义作为抗议的主轴再适合不过了。

　　高峰会这天，布鲁克林博物馆外寒风凛冽，博物馆一侧是展望莱弗茨花园和弗莱特布什（Flatbush）——下一波可能被缙绅化浪潮席卷的小区，也是博伊德等社运分子试图挽救的街区。另一侧是展望高地和皇冠高地（Crown Heights），这两区已经高度缙绅化了。

　　当地产商踏出出租车和豪华轿车，走进博物馆的时候，抗议群众一遍又一遍大喊："谁的城市？我们的！"博伊德说起她的工作，从布朗克斯、曼哈顿、皇后区和史坦顿岛（Staten

Island）来的人也在说。抗议者只有大概二三十位，举着标牌，大声喊着口号，但气氛非常热烈。车子停下来，司机鸣响喇叭，路人取走传单。抗议者来来去去，四处说笑，彼此拥抱。抗议的规模虽小，却意义重大。毕竟不动产高峰会已经举办第 6 年了，而这是第一次场外的抗议行动，来年的抗议可能会更盛大，感觉就像为后续行动踏出第一步。因此抗议者精神抖擞，冷天也乐意出席，紧抓着信念，准备守护仍存在的事物。

许一个不被缙绅化的未来

我看着我的侄子在纽约长大，很好奇他会长成什么样子。我对自己的出生地已经有点矛盾的情绪，如今纽约全是玻璃幕墙大楼和 4 美元一个的麦芬，他会讨厌吗？还是会拥抱自己成长于其中的这套生活方式，变成我没见过的新纽约人？

他的心灵地图已经跟我完全不一样，而且会越来越不同，就像我哥哥散步的路线，跟我父母的心灵地图完全不同，跟他们父母辈的纽约地图也是天差地别。我们都在内心保存着只属于自己的私房城市，我们对它们的理解，就是它们的实际运作。数十年前，很多美国人认为纽约是美国价值观的诅咒，这里集中了社会上最坏的那些东西——犯罪、贫穷、腐败。对既得利益者而言，城市的价值就是工作和娱乐，其他部分都可以被忽略。对许多较年长的人来说，城市仍然会唤起这样的反应。我的祖母还是觉得想住在布鲁克林的人脑子有问题。如今，就像莎拉·舒尔曼指出的，我们正在见证美国第一代在郊区成长的年轻人，他们推崇城市。我们正处于一个史无前例的文化和地理时刻。

如果独立地来看待每个城市的现况和可能，要如何才能达成共识，打造一个公平的未来？对刚搬到新奥尔良的人来说，看不出白人嬉皮士骑单车闲晃的滨水区其实是 10 万黑人被迫迁走的标志；对搬到威廉斯堡的人而言，玻璃公寓大楼跟其他事物一样，是再自然不过的城市景观。这么说起来，缙绅化压抑且抽走了回忆，要打造持久的正义变得更加困难。这份无知让掌权者得利——一个对旧金山教会区没有往日记忆的新住民，一般不会在公寓大楼出现的时候，跟其他人一样视其为破坏而起身抗议。因此，假如我们决心要为没有缙绅化的未来奋战，第一步就是要建立城市应有样貌的共识。

通过研究我知道有许多政策能够解决缙绅化和迫迁，效果实际而卓著。真正的难处是要说服人们相信这些方法行得通。下面的建议列表受到许多人的启发，包括亨特学院（Hungter College）城市事务与规划学系（urban affairs and planning）的汤姆·安戈蒂教授（Tom Angotti），《谋杀纽约》（*The Assassination of New York*）的作者、极具批判意志的记者罗伯特·菲奇（Robert Fitch），《红蓝时代广场》（*Times Square Red, Times Square Blue*）的作者兼评论家塞缪尔·R. 德拉尼（Samuel R. Delany），布鲁克林的社运成员和教育家艾丽西亚·博伊德和伊曼尼·亨利（Imani Henry），以及在研究本书四个城市期间，遇到的无数社运者和居民们。

开拓、保护、释出公有地。 在纽约，土地有三成是公有地（大部分是街道和人行道）[1]，剩下的七成，有一半用作私有开发，另一半则是市政建设、机构和公共空间。剩下的零星土地应该收归市有土地银行——也就是从市场上移出。1980 年代，纽约市经济崩盘，市政府持有哈林区几乎半数的建筑。如果当时市政府没有把这些建筑物廉价出售给私人开发商，而是将它们作为城市资产保留下来，改建成平民住宅和社区空间，如今会怎样呢？在纽约和旧金山一些地区，这样的做法还不算太迟，在底特律和新奥尔良甚至更有机会，毕竟上万土地都由市政府持有。目前新奥尔良和底特律处理这些土地的做法是把它们卖给出价最高的买家，而非思考更有效的公共或半公共利用方式。土地银行不代表不会卖土地，但可以增加开发的条件——比方说卖时，附带要求开发商必须建一定比例的平民住宅。一个好的土地银行计划，地方政府可以将决策过程开放给居民，在土地被卖掉或开发之前征求公众的反馈。这些做法其实在各地已经有小小的成果：本书的四个城市都有非营利单位通过集体努力去买地，并让土地维持合理价格。但他们的努力，较之整体的需要，还是显得微不足道。

给予人们对城市事务的实际发言权。 纽约的小区委员会是本书四个城市里，最接近地方民主规划的例子，而他们在规划决策上几乎没有什么权力。布拉西奥政府正在重新规划 15 个街区，目前几乎每个小区委员会都拒绝市政府的提议，但他们的反对却没有对土地规划决策产生实质影响[2]。这些委员会应该有实权。因为加州特有的投票提案（ballot initiative）机制，本书讲述的四个城市中，旧金山的居民更容易从城市等级的选举中得到和住宅相关的提案投票机会。2015 年，一项提案提议要限制短租民宿网站 Airbnb 的租赁行为，另一提案则想要暂停教会区的开发案。这个概念很不错，但就像美国当今的绝大多数选举，金钱总是最大赢家：在 Airbnb 和其他企业砸大钱做广告之后，旧金山这两个提案都落选了。就我所知，在美国并没有一个完善或相对好的制度，能让规划决策兼顾地方特性又保持民主，但这不表示不可能。纽约的小区委员会就是在各方行动驱策之下产生的，其中也包括简·雅各布斯，给城市施压，要求在决策过程纳入小区视角。要创建任何新的体系，都会需要同等的努力投入。

严格规范住宅。1942 年，国会通过法案，禁止租金和民生用品调涨，禁止房东以涨房租驱赶租户 [3]。这个法案原本只是暂时的，目的是抑制战时的通货膨胀，但它成为纽约租约规范的基础，使得今日还有上万的公寓可以让人住得起。如果国家曾经可以如此规定，没理由不能再来一次。美国各地的租金都急剧上涨，不只是缙绅化的城市如此，银行和企业地主都将宝押在地价上，买下越来越多的公寓来排除竞争 [4]。国家租金管制法或土地投机税有助于缓解危机。

实施新政。罗斯福新政的住宅计划里，联邦政府出资高达 7 亿美元在全国兴建公共住宅，差不多等于今天的 120 亿美元 [5]。在那个政府削减预算的年代，在住宅方案上花费几十亿令人感觉很不真实，但其他已开发国家可以证明公共住宅也可以盖得很好，甚至在高度资本主义的经济体里也办得到。在香港，几乎一半的房子是公共的[6]。纽约市仍然有328个住宅方案，容纳的家庭约有40万——以美国的标准来说，这个数字相当惊人，也证明公共住宅在这个国家还是可行的[7]。

终结保护主义，增加基础建设。为什么旧金山的普雷西迪奥高地（Presidio Heights）和纽约的格林威治村看起来跟50年前仍然高度相似，而教会区和东纽约却注定首当其冲，与开发硬碰硬？美国的城市比起欧洲和亚洲，大部分不那么稠密[8]（纽约是个例外，但它的人口密度非常不均，每个地区不太一样）。涌入纽约的人无疑更喜欢住在曼哈顿而非东纽约，不过也因为土地使用分区的限制，纽约保下了曼哈顿许多住宅区，但却允许在贫困地区进行土地使用分区提升（upzoning）*，缙绅化推动者都涌入特定区域，偏偏那些地区又最没法应对浪潮般涌来的新居民。旧金山的状况也是这样，新公寓大楼充斥在教会区和其他平民街区，然而政府又容许新的巨型办公大楼在平民街区持续兴建。新的、公正的土地规划会改变这些情况。但要让美国的城市密度增加，就表示需要更多的基础建设来服务新的居民，特别是公共交通，在许多缙绅化正在发生的城市，公共交通网络已经到达极限了。这表示需要更多的市政预算，然后就

---

* 在都市计划范围中，变更特定地区的土地使用分区类型，使得该地区的建筑密度提高并提升价值，例如将原本属于住宅区的地区变更为商业区。虽然这是都市再生的一种手段，相对地却会影响到原先的居住质量与居住权益。

会来到下一点……

增税，提高薪资，在穷人身上花钱。 1950 年代和 1960 年代，美国最富有的人的最高税率是 91%[9]，到 1981 年是 70%，今天则是 40%，因为多年下来总有漏洞，实际税率差不多是 25%。这表明联邦政府几乎没有足够的钱用于粮食券和修路，不符合新政对穷人的承诺。同时，许多州的基本薪资已经停滞许久，中低收入户者的收入花在房租上的比例显得更高。缺乏新税制和更高的基本工资，不平等现象就会在美国持续蔓延，穷人会越来越没有能力消费，越来越无法安居，任凭他们的街区被缙绅化。

* * *

上述任一个解决问题的方法，都比美国现在安置贫民的方法好——各州、各城、各郡在经费不足的状况下拼凑出自己的大杂烩方案，通常由非营利或低收入者住宅组织来推动管理，这些组织之于公众的说服力，比起政府还是要弱一些。

但要用上述任一政策来解决问题，都需要许多政治上的努力。如果把这些政策都加起来——更多土地和住宅规范、更高的工资、更高的税、中央政府负责住宅和基础建设——最后就会变成社会主义，在美国要到达这个境界可不容易。但我相信在资本主义受到微幅限制的框架下（我认为就是当前美国的经济体系），是有办法改善缙绅化的状况的，但要真正解决整个危机，则必须要追求真正的经济和种族平等。

我写这本书的时候，缙绅化的抗争有惊人的进展。"黑人的命也是命"（Black Lives Matter）运动让警察暴力和长久以来的种族压迫成为每日新闻的主题，酷儿和跨性别运动已经重新将性别（gender）和性取向（sexuality）推到社会正义对话的前线，甚至主流政客们也开始倡导种族和经济正义。然而，说也奇怪，住宅课题还是在这些对话中缺席。住宅的价格到处都在上涨，郊区也是，城市也是。旧金山和纽约的多数人口都害怕住不下去，但缙绅化和房屋价格在 2016 年总统大选前却很少被提及（希拉里针对奥克兰的议题办了一场谨小慎微的论坛）。虽然有全国性组织如"城市权利联盟"（Right to the City）致力于集结租户、串联住宅议题和其他社会正义诉求，却没有足够知名的为租户争取权益的全国性抗争行动。伦敦或柏林比起旧金山和纽约，缙绅化情况不那么严重，但抗议缙绅化的行动在过去几年就开始层出不穷。

这个国家似乎缺少住宅意识，因此要打造一个有力量的租户运动变得很困难。也许我们的无知是因为郊区化和都市扩张，人们都住在独立地段的独栋房子里，彼此距离遥远，除了商业用途像道路、商场、商务公园之外，缺少相遇的公共空间。如此郊区型、个人化的思维，现在因为缙绅化已经渗入各个城市。每栋新的公寓大楼——现在大部分都会附上健身房跟游泳池、日光浴中心，还有大堂酒吧——都令城市变得更像垂直的门禁小区（gated communities），很快你就会体验到住在城市里却不知其所以然的情况。民族志学家瑞秋·谢尔曼（Rachel Sherman）在她对上流社会饭店房客的研究里写道，饭店住宿的体验是增强阶级区别的方法。被宠爱的体验会让客人产生原本没有的尊荣感。翻阅这份研究，人类学家朱利安·布拉什（Julian Brash）指出现在有一种类似的思维正在影响城市[10]。如果纽约是个奢侈品，市民对阶级和身份的自我认知会因此受到什么样的影响呢？该怎么在一个许多住民自认为是奢侈品消费者，而非小区一分子的城市，去组织一个租户运动呢？

还有一个很难在美国挑战缙绅化的深层原因。这个国家本身就是基于迁移的——基于白人使用空间甚至接近他人身体的权力，白人比其他人种更具优势。这样的观念转化成奴隶制度、种族区隔、种族灭绝，时至今日，缙绅化也算是某种程度的表现。一个布什维克的运动团体"五月天"（Mayday）就在他们的遍布街区的口号和标语上说，缙绅化就是新的殖民主义[11]。听起来有点极端，但当公寓大楼的广告和《纽约时报》的"风格"版块（Style）使用如"边境"（frontier）街区和"开拓者"（pioneering）住民这样的特定字眼，实在很难不和殖民主义画上等号。很显然，缙绅化和殖民主义非常不同，但它们都源自相同的思维，也就是有一个人的空间比另一个人更有价值。在这个国家我们一直不断重复讲述一个故事：善良、勇敢的人来到这里，在陌生、危险、荒芜的土地上安顿下来。这故事本身就是一个缙绅化的叙事，美国的开发始终都和征服边境的想象有关。对抗缙绅化，就像对抗美国的想象，缙绅化已在我们的血液之中。

但其实可以不必这样。首先我们要决定自己究竟要什么。我，身为一个人，认为纽约最有意思的部分是那些不把人变成钱的事情（或至少不是变成很多钱）：多元性别的展现、街道上的社会运动、不起眼但只有在这么稠密的城市才办得起来的读者俱乐部或图书馆活动。但正如作家兼运动家塞缪尔·德拉尼指出的，生活在像纽约这样高度资本主义化的城市，不以营利为目的的互动方式，有可能被有利可图（因此也较不有趣或激烈）的互动模式给击垮[12]。小区空间被公寓大楼取代，不同阶级的人可以相遇、交会的便宜酒吧变得只有有钱人才去得起。假如我们希望以个人层次去突破这层限制，我们必须一直不断发明新的组织形态和方法来互动。

在缙绅化发生中的城市，我们得找到新的方法来跟彼此相处。莎拉·舒尔曼把这套理论表达得更加具体。她问道，假如几群立场鲜明的作家集结在一起，集思广益应对缙绅化的方法，这样会如何？假如由你开始召集一群人，让业余的运动者、作家或思想家都聚在一起，会发生什么事？假如做了10次这样的事，会如何呢？小小的改变也能累积可观的结果。

我常怨怼在今天的纽约要当创意人士或运动家越来越难了——钱都拿去缴房租了，谁还有时间去反抗？但当资本的压力造就一个转折点，这就是叛逆的力量有机可趁的时刻。我见到当前许多人怒气冲冲，对纽约感到失望，但他们并不去对抗造成这份愤怒的机制，大部分人就只是抱怨，闭嘴不言，或干脆离开。假如人们开始运用激进主义（radicalism）撑出的空间，不只是安逸地挑剔品味或个人选择，或者写篇文章说"一切再见吧"，然后再搬去一个比较便宜的城市，而是真正地把我们的力量用于应对让安居变得如此困难的制度，事情会变成什么样呢？手法可以是街头抗议，也可以是艺术，但抵抗可以更单纯些。简·雅各布斯说的"街道芭蕾"（street ballet）*并不可行。我们当前的生活越来越疏离，越来越商品化，消费主义的生活性形态帮有权的人赚进更多的钱。当我们越不依靠小区来满足需求，从我们身上赚钱就越容易。换句话说，跟你的邻居说声"嗨"也可以是个激进的作为，因为它没有利益可言，也卖不了钱。这样就够了吗？当然不是，但至少是个开始。我们越刻意实践小区导向的生活，我们身为消费者的角色就越淡薄。激进主义并非要掀起革命，而是包含了难以计数的每个小小行动，点滴造就个人和全球改变的过程。

＊　＊　＊

我在纽约住了几年，对纽约的状态感到失望，最后决定停止自怨自艾，想办法行动起来。最近我有意地去结识我的邻居，

---

* 在本书引言中，作者提及简·雅各布斯认为西村的街道与周边商家、居民、往来的人的互动、联系与观看，造就看似繁杂却自成一格的秩序与律动，就像是跳芭蕾舞一般。然而西村在缙绅化下失去了这种情景，作者因而认为街道芭蕾并不可行。

在大厅相遇时我一定会打招呼，有问题的时候会发电子邮件给他们。我开始帮地铁上提着大行李的旅客，向市政府申请评估我住的大楼是否适用租金稳定政策。我不知道最后结果会是什么，但这些行动让我跟所居住的这个地方有了更多联结。我开始参加有关缙绅化的聚会。不只是因为这些事情是善举，也是要帮助我自己重新适应这个城市。单独来看，每件事都非常微不足道，但加在一起，它们帮助我照见自己，照见我所在的城市，毕竟这两者是互相形塑的。现在我更能欣赏纽约，更愿意为之挺身而出。唯一的问题，就是到底怎样的努力才够？这个城市的改变如此快速，不管有多少人试图阻挡改变的角度，或者想要述说改变如何、为何发生，会不会都是徒劳？

2015 年，我开始看到松动或瓦解的可能：原本被预料在布鲁克林之后会缙绅化的皇后区，租金开始下跌 [13]，其他区域的租金转为平稳 [14]。不动产专家似乎有共识，认为奢华建筑太多了。不只是纽约而已，底特律也还在一阵建设潮中，而新奥尔良则平缓下来了，比方说建设率已经下滑 [15]。硅谷流失的员工五年来首度超过新进的员工 [16]。住在湾区的科技业员工向外找工作的比例，在一年之内从 25% 成长到 35%，这表示高薪住民也想离开 [17]。

缙绅化已达尾声了吗？没有，但它的速度趋缓了。城市绝对不会再变回以前的样子，我十分怀疑产业稳定的纽约或旧金山，在可见的未来会走上去缙绅化这条路。底特律和新奥尔良又是另一个故事了。假如有几家公司从底特律撤离，这个城市很可能会陷入危机；新奥尔良仍然受天灾影响甚深。但我相信缙绅化高速前进的时期已经接近尾声，现代人对缙绅化的影响更警惕，我们便有机会在下一波资本浪潮袭来之前先做些什么。如同莎拉·舒尔曼所说，不是无时无刻都得革命。1960 年代晚期的嬉皮、反战和民权运动扎根之前，许多作家、影像工作者、诗人、表演者、社运者等，数十年来已经打下基础，帮助人们想象一个不一样的未来。我相信此刻我们已经在奠定基础的路途上，在一个更宽广未来的起点上。是时候起而行了。

致　谢

我要谢谢纽约、新奥尔良、底特律和旧金山这几个城市受访的住民和运动者，特别是阿莎娜·比加尔、基姆·福特、阿龙·汉德尔斯曼（Aaron Handelsman）、劳伦·胡德、安娜贝尔·博拉诺斯，以及艾丽西亚·博伊德。

我也要感谢许多作家，他们的研究和写作启发了本书，特别是莎拉·舒尔曼和丽贝卡·索尔尼特，她们的作品改变了我看待自己与城市的观点。

我的编辑，国家图书出版社（Nation Books）的凯蒂·奥唐奈（Katy O'Donnell），为本书出版的每一步都尽心把关；国家图书出版社的老板亚历山德拉·巴斯塔利（Alessandra Bastagli）也在我身上冒了点险，才让这本书诞生。谢谢肖恩·德夫林（Sean Devlin）帮助我进行前期的调查。

我的家人、朋友也功不可没，他们给了我写作本书这趟疯狂历程（最后实在非常艰辛！）所需的种种鼓励，在饭桌上无数次和我争辩有关政策的种种，帮助我去芜存菁，学着拼凑成有力道的论述——特别感谢我妈妈莎莉、我爸爸迈克尔、我哥哥约翰、我嫂嫂克里斯蒂娜（嗨，我的侄子朱利安）、我的朋友扎克·豪（Zach Howe）和约翰·沃克（John Walker）。也要谢谢我的狗瑞米，我提到它是因为扎克和约翰说不这样它会觉得被排挤。安·玛莉·威彻格（Anne Marie Witchger）和詹姆斯·马丁（James Martin）：如果没有你们，在纽约长大就不会那么疯狂、那么好玩、那么鬼灵精怪，你们实实在在地影响了我，让我写出一本从各面向看都是给城市的情书。

我开始带着批判去思考一些议题（比方说，资本主义），要归因于这两个人：高二的历史老师贝亚德·费思富尔（Bayard Faithfull），以及另一位中学老师纳特·特纳（Nat Turner）。若不是他们在我年轻易感的时候，就讲授给我共产主义的思想，今天我可能走上非常不同的人生路途，谢谢你们的洗脑（是好的方面啦）。还有马萨诸塞州阿姆赫斯特的 WFCR 电台的前新闻总监弗雷德·贝弗（Fred Bever），你让我在 20 岁的时候，就以采访名义跑遍全国，访问政治人物和其他名流，即使我紧张到手心出汗，差点拿不住麦克风。你教会我这个行业几乎我所知的一切，谢谢你。

注 释

引 言

1. Penelope Green, "The Painter and the Pink Palazzo," *New York Times*, November 13, 2008.

2. Rent Jungle, "Rent Trend Data in New York, New York," www.rentjungle.com/average-rent-in-new-york-rent-trends, accessed September 28, 2016.

3. "Fortresslike Property on Greenwich St. Is One of the Most Expensive Mansions Ever Sold in Manhattan," *New York Daily News*, September 12, 2014.

4. Arun Venugopal, "Micropolis: A Look at the Least Diverse Neighborhood in the City," WNYC, May 8, 2012.

5. Richard Campanella, "Gentrification and Its Discontents: Notes from New Orleans," *New Geography*, March 1, 2013.

6. J. C. Reindl, "Rents Keep Going Up in Greater Downtown Detroit," *Detroit Free Press*, December 7, 2014.

7. Metropolitan Policy Program, Brookings Institution, "Confronting Suburban Poverty in America," 2015, http://confrontingsuburbanpoverty.org.

8. Linton Weeks, "The Hipsterfication of America," National Public Radio, November 17, 2011.

9. Stephen Metcalf, "Brooklyn: The Brand," T: *The New York Times Style Magazine*, March 17, 2013

10. Philip Corbett, "Everything Old Is Hip Again," After Deadline blog, *New York Times*, August 17, 2010.

11. Philip Corbett, "Brooklyn, Planet Earth," *After Deadline* blog, *New York Times*, November 18, 2014.

12. Neil Smith, *The New Urban Frontier: Gentrification and the Revanchist City* (New York: Routledge, 1996), 55.

第1章　挣扎

1. Richard Campanella, "Gentrification and Its Discontents: Notes from New Orleans," *New Geography*, March 1, 2013.

2. Lizzy Goodman, "Experiencing New Orleans with Fresh Eyes and Ears," *New York Times*, March 6, 2014.

3. Ibid.

4. Ibid.

5. "Facts for Features: Katrina Impact," Data Center, August 28, 2014, www.datacenter research.org/data-resources/katrina/facts-for-impact.

6. Data Center, "Who Lives in New Orleans Now?," February 2016, www. datacenterresearch.org/data-resources/who-lives-in-new-orleans-now.

7. Lynn Weber and Lori Peek, *Displaced: Life in the Katrina Diaspora* (Austin: University of Texas Press, 2012).

8. From a press release issued by Gov. Kathleen Blanco, November 9, 2005, www. blancogovernor.com/index.cfm?md=newsroom&tmp=detail&articleID=1193.

9. "New Orleans Redevelopment Authority: Major Projects," www.noraworks.org/about/projects.

10. Lolis Elie, "Oretha Castle Haley Boulevard Gets Help from City as It Tries to Turn the Corner," *Times-Picayune*, August 2, 2009.

11. Eric Velasco, "The Battle for New Orleans," *Politico*, April 16, 2015.

12. Alex Woodward, "O.C. Haley Avenue: The Next Freret?" *Gambit*, April 17, 2012.

13. US Census Bureau, Poverty Data, 2013, http://factfinder.census.gov/bkmk/table/1.0/en/ACS/14_5YR/S1701/8600000US70113.

14. Jason Hackworth, *The Neoliberal City: Governance, Ideology, and Development in American Urbanism* (Ithaca, NY: Cornell University Press, 2007), 120.

15. Neil Smith, *The New Urban Frontier: Gentrification and the Revanchist City* (New York: Routledge, 1996), 37.

16. "Lower 9th Ward Statistical Area," Data Center, March 28, 2014, www. datacenterresearch.org/data-resources/neighborhood-data/district-8/lower-ninth-ward.

17. Bracey Harris, "Lower Ninth Ward Residents Fight Katrina Fatigue," *New York Times*, May 27, 2014.

18. Jordan Flaherty, *Floodlines: Community and Resistance from Katrina to the Jena Six* (Chicago: Haymarket Books, 2010), 65.

19. Kenneth Cooper, "'They Destroyed New Orleans,'" AlterNet, December 23, 2005.

20. Vincanne Adams, *Markets of Sorrow, Labors of Faith: New Orleans in the Wake of Katrina* (Durham, NC: Duke University Press, 2013), 43.

21. Juliette Landphair, "The Forgotten People of New Orleans: Community, Vulnerability, and the Lower Ninth Ward," *Journal of American History* 94 (December 2007): 837–845.

22. Christopher Cooper, "Old-Line Families Escape Worst of Flood and Plot the Future," *Wall Street Journal*, September 8, 2005.

23. David Brooks, "Katrina's Silver Lining," *New York Times*, September 8, 2005.

24. Paula Devlin, "The Changing Face—and Faces—of New Orleans," *Times-Picayune*, August 23, 2009.

25. American Federation of Teachers, "The Track Record of the New Orleans Schools After Katrina," 2014, www.aft.org/sites/default/files/wysiwyg/no_intro.pdf.

26. Approximately one-third of all New Orleans residents have a college degree, according to the US Census. That's up from 26 percent in 2000, which suggests that most of the increase came from newcomers to the city after Katrina, and not from an increase in the native-born population going to college. See Data Center, "Who Lives in New Orleans Now?"

27. Campanella, "Gentrification and Its Discontents."

28. Richard Webster, "HANO Recalls 700 Section 8 Vouchers, Blames Sequester," *Times-Picayune*, March 29, 2013.

29. Richard Webster, "River Garden Residents March in Protest, Management Pushes Back," *Times-Picayune*, January 24, 2013.

第2章　缙绅化如何运作

1. Ruth Glass et al., *London: Aspects of Change* (London: MacGibbon & Kee, 1964), introduction. Quoted in "50 Years of Gentrification: A Timeline," Next City, 2014.

2. Ibid.

3. Everett Ortner, "Gentrification—Clarified," *The Brownstoner* 15, no. 2 (July 1984): 1.

4. Ortner, quoted in Loretta Lees, Tom Slater, and Elvin Wyly, *Gentrification* (New York: Routledge, 2008), 7.

5. Quoted in Lees, Slater, and Wyly, *Gentrification*, 27.

6. Phillip L. Clay, *Neighborhood Renewal: Middle-Class Resettlement and Incumbent Upgrading in American Neighborhoods* (Lexington, MA: Lexington Books, 1979).

7. "The History of the Castro," KQED, 2009.

8. Carolyn Senn, "Gentrification, Social Capital, and the Emergence of a Lesbian Neighborhood: A Case Study of Park Slope, Brooklyn," master's thesis, Fordham University, 2013.

9. Neil Smith, *The New Urban Frontier: Gentrification and the Revanchist City* (New York: Routledge, 1996), 100.

10. Julie Satow, "Pied-à-Neighborhood," New York Times, October 24, 2014.

11. For more on consumption explanations of gentrification, including a discussion of sociologist Daniel Bell and economist Richard Florida, see Lees, Slater, and Wyly, *Gentrification*, ch. 3; for more on production explanations, see ch. 2.

12. Smith, *New Urban Frontier*, xxiii–xiv.

13. Neil Smith, "Home on the Range, Urban-Style," *New York Times*, August 12, 1985.

14. Katarina Hybenova, "How Is Life at Bushwick's Most Controversial New Building, Colony 1209?" *Bushwick Daily*, June 26, 2014.

15. Smith, *New Urban Frontier*, 23.

16. John Hansan, "WPA: The Works Progress Administration," Social Welfare History Project, Virginia Commonwealth University, 2013, socialwelfare.library.vcu.edu/eras/great-depression/wpa-the-works-progress-administration.

17. Lees, Slater, and Wyly, *Gentrification*, 29.

18. Smith, *New Urban Frontier*, 70.

19. Quoted in Jason Hackworth, *The Neoliberal City: Governance, Ideology, and Development in American Urbanism* (Ithaca, NY: Cornell University Press, 2007), 15.

20. Michael Howard Saul, "Mayor Bloomberg Wants Every Billionaire on Earth to Live in New York City," *Wall Street Journal*, September 20, 2013.

21. Veronique de Rugy, "President Reagan, Champion Budget-Cutter," American Enterprise Institute, June 9, 2004.

22. Reuters, "Detroit Credit Rating Downgraded Again, S&P Cuts General Obligation Debt Further into Junk Status," *Huffington Post*, July 19, 2013.

23. Hackworth, *The Neoliberal City*, 39.

24. Rian Bosse, "How Cities Are Trying to Attract Millennials," Donald W. Reynolds National Center for Business Journalism, April 13, 2015; Teresa Wiltz, "America's Declining Cities Try to Attract Millennials," *Governing*, April 3, 2015.

25. "Citywide Highlights," City of New Orleans website, www.nola.gov/mayor/priorities, accessed September 4, 2016.

26. Robert McClendon, "Where Will Working Poor Live in Future New Orleans, if Gentrification Continues?" *Times-Picayune*, July 30, 2015.

27. Lauren Laborde, "GoNOLA TV: Discover New Orleans' Bywater," hosted by C. J. Hunt, GoNOLA website, September 8, 2014.

28. Eric Velasco, "The Battle for New Orleans," *Politico*, April 16, 2015.

第3章　破坏是为了重建

1. "From the Graphics Archive: Mapping Katrina and Its Aftermath," *New York Times*, August 25, 2015.

2. Maria Godoy, "Tracking the Katrina Diaspora: A Tricky Task," National Public Radio, August 2006.

3. Peter Moskowitz, "How One of Katrina's Feel-Good Stories Turned Bad," *Buzz-Feed*, August 22, 2015.

4. Richard Campanella, "Gentrification and Its Discontents: Notes from New Orleans," *New Geography*, March 1, 2013.

5. Elahe Izadi, "Post-Katrina Police Shooting Death Reclassified as a Homicide," *Washington Post*, April 1, 2015.

6. Associated Press, "New Orleans Police Officers Jailed over Katrina Shootings Get New Trial," *The Guardian*, September 17, 2013.

7. "Military Due to Move in to New Orleans," CNN.com, September 2, 2005.

8. Naomi Klein, *The Shock Doctrine: The Rise of Disaster Capitalism* (New York: Picador, 2007), 6.

9. Milton Friedman, "The Promise of Vouchers," *Wall Street Journal*, December 5, 2005.

10. Adrienne Dixson, "Whose Choice? A Critical Race Perspective on Charter Schools," in *The Neoliberal Deluge: Hurricane Katrina, Late Capitalism, and the Remaking of New Orleans*, ed. Cedric Johnson (Minneapolis: University of Minnesota Press, 2011), 135.

11. "The Educational Land Grab," editorial, *Rethinking Schools* 1, no. 21 (Fall 2006).

12. Alan Greenblatt, "New Orleans District Moves to an All-Charter System," National Public Radio, May 30, 2014.

13. Mercedes Schneider, "New Orleans RSD: Far from Meeting Louisiana Four-Year College Admission Requirements," *Huffington Post*, February 9, 2015.

14. "K–12 Public Education through the Public's Eye: Voters' Perception of Public Education," Cowen Institute for Public Education Initiatives, April 2013.

15. Mercedes Schneider, "New Orleans Parental Choice and the Walton-Funded One App," *deutsch29* blog, July 5, 2013.

16. "The Educational Land Grab."

17. United Teachers of New Orleans, Louisiana Federation of Teachers, and American Federation of Teachers, "No Experience Necessary: How the New Orleans School Takeover Experiment Devalues Experienced Teachers," June 2007, 22.

18. Ibid., 29.

19. Edward Goetz, *New Deal Ruins: Race, Economic Justice, and Public Housing Policy* (Ithaca, NY: Cornell University Press, 2013), 70–72.

20. Matthias Gebauer, "Will the Big Easy Become White, Rich and Republican?" *Der Spiegel*, September 20, 2005.

21. Jordan Flaherty, *Floodlines: Community and Resistance from Katrina to the Jena Six* (Chicago: Haymarket Books, 2010), 186.

22. Charles Babington, "Some GOP Legislators Hit Jarring Notes in Addressing Katrina," *Washington Post*, September 10, 2005.

23. Flaherty, *Floodlines*, 186.

24. Adam Nossiter and Leslie Eaton, "New Orleans Council Votes for Demolition of Housing," *New York Times*, December 21, 2007.

25. Flaherty, *Floodlines*, 187.

26. Richard Webster, "River Garden Residents March in Protest, Management Pushes Back," *Times-Picayune*, January 24, 2013.

27. Vincanne Adams, *Markets of Sorrow, Labors of Faith: New Orleans in the Wake of Katrina* (Durham, NC: Duke University Press, 2013), 35.

28. Jordan Flaherty, "Settlement Reached in 'Road Home' Racial Discrimination Lawsuit," Bridge the Gulf Project, July 11, 2011.

29. Greg LaRose, "New Orleans Ranked Second Worst Housing Market for Renters," *Times-Picayune*, January 15, 2016.

30. Jane Jacobs, *The Death and Life of Great American Cities* (New York: Vintage, 1992; originally published 1961), 251.

31. Freret Neighborhood Center, "Freret Street Neighborhood Center Property Survey," July 2010.

32. US Census Bureau, Poverty Data, 2010. Prepared by Social Explorer.

33. US Census Bureau, Ethnicity Data, 2010. Prepared by Social Explorer.

34. Monica Hernandez, "Cultural District Slated for University Area," WWL-TV, July 7, 2012.

35. Robert Morris, "How Many More Bars Should be on Freret Street?" *Uptown Messenger*, May 9, 2012.

36. Louise Story, "The United States of Subsidies," *New York Times*, December 3, 2012.

37. Greater New Orleans Inc. Regional Economic Development, "Incentive Finder," http://gnoinc.org/incentives/incentive-finder.

38. Story, "The United States of Subsidies."

39. Lee Zurik, "$11 Billion Later, Louisiana's Incentives Fail to Deliver," Fox 8 (WVUE), New Orleans, February 5, 2015.

40. Gordon Russell, "Giving Away Louisiana: Film Tax Incentives," *The Advocate*, December 2, 2014.

41. US Census Bureau, Quick-Facts, per capita income in past 12 months (in 2014 dollars), 2010–2014, for New Orleans city, www.census.gov/quickfacts.

42. PBS NewsHour, "FEMA's Mike Brown," September 1, 2005.

43. Eric Ishiwata, "'We Are Seeing People We Didn't Know Exist': Katrina and the Neoliberal Erasure of Race," in *The Neoliberal Deluge: Hurricane Katrina, Late Capitalism, and the Remaking of New Orleans*, ed. Cedric Johnson (Minneapolis: University of Minnesota Press, 2011).

44. Charles Babington, "Hastert Tries Damage Control After Remarks Hit a Nerve," *Washington Post*, September 3, 2005.

45. Narayan Sastry and Christine Peterson, "The Displaced New Orleans Residents Survey Questionnaire," RAND Corporation, 2010, www.rand.org/labor/projects/dnors.html.

46. Jason Berry, "Eight Years After Hurricane Katrina, New Orleans Has Been Resurrected," *Daily Beast*, August 29, 2013.

47. Adam Kushner, "How New Orleans Pulled Off an Economic Miracle," *National Journal*, April 7, 2013.

48. Lizzy Goodman, "Experiencing New Orleans with Fresh Eyes and Ears," *New York Times*, March 6, 2014.

49. Britany Robinson, "Detroit: It's Not a Blank Slate," *Mashable*, March 1, 2015.

50. Michelle Higgins, "New York's Next Hot Neighborhoods," *New York Times*, February 26, 2016.

51. Anna Marie Erwert, "Oakland Poised to be the Bay Area's Hottest Market in 2016," *San Francisco Chronicle*, January 20, 2016.

52. Melena Ryzik, "Detroit's Renewal, Slow-Cooked," *New York Times*, October 19, 2010.

53. DiAngelea Millar, "7 Streets in New Orleans Working to Revitalize Neighborhoods Are Part of UNO Student's Research," *Times-Picayune*, August 19, 2012.

54. Keith Laing, "Duggan Touts Detroit 'Turnaround' in D.C.," *Detroit News*, April 5, 2016.

55. Jacobs, *Death and Life*, 313.

第4章　新底特律

1. David Muller, "A Closer Look at Dan Gilbert's Plans for Capitol Park i Downtown Detroit," MLive, April 2, 2013.

2. J. C. Reindl, "Dan Gilbert's Bedrock Buys 3 More Buildings Downtown," *Detroit Free Press*, January 20, 2016.

3. CBS News, "Developer Buying Real Estate in a Downtrodden Detroit Says He Is 'Doing Well by Doing Good' in an Effort to Revitalize the City—60 Minutes," press release, October 11, 2013; see also Dan Gilbert interview with Bob Simon, "Detroit," *60 Minutes*, CBS News, October 13, 2013.

4. Tim Alberta, "Is Dan Gilbert Detroit's New Superhero?" *National Journal*, February 27, 2014.

5. Quinn Klinefelter, "From Water Cutoffs to an Art Scare, Detroit Has a Tumultuous Year," *All Things Considered*, National Public Radio, December 15, 2014.

6. US Census Bureau, American FactFinder, "Selected Economic Characteristics: 2010–2014 American Community Survey 5-Year Estimates," 2014 data for Detroit city, Michigan, http://factfinder.census.gov/bkmk/table/1.0/en/ACS/14_5YR/DP03/1600000US2622000.

7. Diane Bukowski, "Tax Abatement 'Deal with Devil' in Downtown Griswold Tenants' Eviction Has Gone to Hell," *Voice of Detroit*, January 27, 2014.

8. J. C. Reindl, "Rents Keep Going Up in Greater Downtown," *Detroit Free Press*, December 7, 2014.

9. "Creative Cities Summit Announcement of Keynote Speaker," press release, October 14, 2008, PR Newswire.

10. Detroit Regional Chamber, "The State of Detroit," December 4, 2012.

11. John Wisely and Todd Spangler, "Motor City Population Declines 25 Percent," *USA Today*, March 24, 2011.

12. Kresge Foundation, "Detroit Future City: Detroit Strategic Framework Plan," December 2012.

13. Karen Bouffard, "Census Bureau: Detroit Is Poorest Big City in U.S.," *Detroit News*, September 17, 2015.

14. Richard Florida, *Rise of the Creative Class Revisited* (New York: Basic Books, 2012), 45.

15. Lisa Baugh, "Five Ways the Freelance Economy Fails the Poor and the Middle Class," *Salon*, June 5, 2015.

16. Florida, *Rise of the Creative Class*, 134, 135–136, 245.

17. For a good summary of Florida's "technology, talent, and tolerance" approach to economic development, see Hazel Borys, "Richard Florida on Technology, Talent, and Tolerance," *Place Makers*, November 18, 2013.

18. Andres Viglucci, "Miami Now Winter Home to 'Creative-Class' Thinker Richard Florida," *Miami Herald*, August 19, 2012.

19. 24th Annual Congress for the New Urbanism, June 8–11, 2016, Detroit, Michigan, www.cnu.org/cnu24/schedule.

20. Florida, *Rise of the Creative Class*, 193, 227.

21. Richard Florida, "How the Crash Will Reshape America," *The Atlantic*, March 2009.

22. Steve Neavling, "'Bring on More Gentrification' Declares Detroit's Economic Development Czar," *Motor City Muckraker*, May 16, 2013.

23. Edward Glaeser, "Shrinking Detroit Back to Greatness," *New York Times, Economix* blog, March 16, 2010.

24. Julie Alvin, "A Gleam of Renewal in Struggling Detroit," *New York Times*, June 17, 2014.

25. Alex B. Hill, "Detroit: Black Problems: White Solutions," October 16, 2014, http://alexbhill.org/2014/10/16/detroit-black-problems-white-solutions.

26. Melena Ryzik, "Detroit's Renewal, Slow-Cooked," *New York Times*, October 19, 2010.

27. IRS Form 990 for University Cultural Center Association, DBA Midtown Detroit Inc., for 2014, located through foundationcenter.org.

第5章 7.2区

1. Patrick Shehan, "Revitalization by Gentrification," *Jacobin*, May 11, 2015.

2. Kate Abbey-Lambertz, "These Are the American Cities with the Most Abandoned Houses," Huffington Post, February 13, 2016; "7.2 Sq. Mi.: A Report on Greater Downtown Detroit," 2013, http://detroitsevenpointtwo.com/resources/7.2SQ_MI_Book_FINAL_LoRes.pdf.

3. Amy Lane, "Quicken Loans' Move Tops List of State Tax Incentives Approved by Mega Board," *Crain's Detroit Business*, July 21, 2009.

4. John Gallagher, "Gilbert Buys One Detroit Center, Persuades Ally to Move," *Detroit Free Press*, March 31, 2015.

5. Nancy Kaffer, "Who's Watching the Detroit Watchmen?" *Detroit Free Press*, March 21, 2015.

6. Stacy Cowley, "How Wayne State Police Helped Breathe Life Into a Blighted Detroit Strip," *New York Times*, February 25, 2015.

7. "M-1 Rail Funding Breakdown," October 2014, http://m-1rail.com/complex-funding-puts-m-1-rail-right-track.

8. "Detroit Metro Profile," Metropolitan Opportunity Unit, Ford Foundation, November 2012, https://datadrivendetroit.org/files/NWRKS/Detroit%20Profile%20Final%20Nov2012.pdf.

9. Nolan Finley, "Where Are the Black People?" *Detroit News*, December 15, 2014.

10. Alex Halperin, "How Motor City Came Back from the Brink . . . and Left Most Detroiters Behind," *Mother Jones*, July 6, 2015.

11. Joel Kurth, "Gilbert, Quicken Loans Entwined in Detroit Blight," *Detroit News*, July 1, 2015.

12. Bill Shea, "Detroit Taxpayers to Fund 60 Percent of Red Wings Arena, Plan Shows," *Crain's Detroit Business*, July 25, 2013.

13. Joe Guillen, "Ilitches to Get All Revenues from New Publicly Financed Red Wings Arena," *Detroit Free Press*, March 2, 2014.

14. Bill Bradley, "Red Wings Stadium Upset!: Why Taxpayers Are Losing—Again—in Detroit," *Next City*, March 3, 2014.

15. Joe Guillen, "$175M Tax Break for Marathon Refinery Buys Detroiters Only 15 Jobs," *Detroit Free Press*, March 14, 2014.

16. John Gallagher, "Council OKs Sale of 1,500 Lots for Urban Farming Project," *Detroit Free Press*, December 11, 2012.

17. Louise Story, "The United States of Subsidies," *New York Times*, December 3, 2012.

18. Ryan Felton, "House Bill Would Ban Detroit from Enacting Community Benefits Agreement Ordinance," *Detroit Metro Times*, December 4, 2014.

19. Ben Duell Fraser, "A Hurricane Without Water: A Foreclosure Crisis Looms," *Deadline Detroit*, January 21, 2015.

20. US Census, American FactFinder, "Individuals Below Poverty Level," Detroit city, Michigan (data from 2010–2014 American Community Survey 5-Year Estimates); Bernadette D. Proctor, Jessica L. Semega, and Melissa A. Kollar, "Income and Poverty in the United States: 2015," US Census Bureau report no. P60-256, September 13, 2016; US Census, American FactFinder, median household income for Detroit city, Michigan (data from 2010–2014 American Community Survey 5-Year Estimates).

21. "Unemployment Rates for the 50 Largest Cities," Bureau of Labor Statistics, April 15, 2016.

22. Environmental Protection Agency, "Water on Tap," December 2009.

23. United Nations News, "In Detroit, City-Backed Water Shut-offs 'Contrary to Human Rights,' Say UN Experts," October 20, 2014.

24. Christine MacDonald and Joel Kurth, "Foreclosures Fuel Detroit Blight, Cost City $500 Million," *Detroit News*, June 3, 2015.

25. Christine MacDonald and Joel Kurth, "Detroit Braces for a Flood of Tax Foreclosures," Detroit News, July 1, 2015.

26. US Census Bureau, American FactFinder, "Selected Economic Characteristics: 2010–2014 American Community Survey 5-Year Estimates," 2014 data for Detroit city, Michigan, http://factfinder.census.gov/bkmk/table/1.0/en/ACS/14_5YR/DP03/1600000US2622000.

27. Thomas Sugrue, *The Origins of the Urban Crisis: Race and Inequality in Postwar Detroit* (Princeton, NJ: Princeton University Press, 1996), 82, 84–86, 159.

28. Kate Linebaugh, "Detroit's Population Crashes," *Wall Street Journal*, March 23, 2011.

29. Some of Sandi Combs and Kenny Brinkley's story was told in a piece I wrote for Al Jazeera America: "Detroit Homeowners Face New Wave of Foreclosures," February 21, 2015.

30. One study showed that evictions alone cause material hardships to increase by 20 percent: Matthew Desmond, "Eviction's Fallout: Housing, Hardship, and Health," *Social Forces* 94, no. 1 (2015): 295–324.

第6章 白纸状态怎么来的？

1. Veronica Guerrieri, Daniel Hartley, and Erik Hurst, "Endogenous Gentrification and Housing Price Dynamics," National Bureau of Economic Research Working Paper No. 16237, July 2010.

2. Douglas Massey and Nancy Denton, *American Apartheid: Segregation and the Making of the Underclass* (Cambridge, MA: Harvard University Press, 1993), 20–21.

3. John Logan and Brian Stults, "The Persistence of Segregation in the Metropolis: New Findings from the 2010 Census," US2010 Project, March 24, 2011.

4. The economic boom created by World War II: This paragraph and the next draw on Sugrue, *The Origins of the Urban Crisis*, 29.

5. Ibid., 247.

6. Ibid., 233.

7. This paragraph draws on ibid., 44.

8. Elizabeth Huttman, *Urban Housing Segregation of Minorities in Western Europe and the United States* (Durham, NC: Duke University Press, 1991), 246.

9. Sugrue, *The Origins of the Urban Crisis*, 193.

10. Ibid., 100.

11. Kenneth Jackson, *Crabgrass Frontier: The Suburbanization of the United States* (New York: Oxford University Press, 1985), 193–194.

12. Ira Katznelson, *When Affirmative Action Was White* (New York: W. W. Norton, 2005), 115–116.

13. Richard Rothstein, "The Making of Ferguson: Public Policies at the Root of Its Troubles," Economic Policy Institute, October 15, 2014.

14. Jackson, Crabgrass Frontier, 213.

15. My summarized history of the FHA and HOLC comes mostly from Sugrue, *The Origins of the Urban Crisis*, and Jackson, *Crabgrass Frontier*.

16. Jackson, *The Origins of the Urban Crisis*, 128, 140.

17. Ibid., 47–48.

18. Patrick Sheehan, "Revitalization by Gentrification," *Jacobin*, May 11, 2015.

19. Patrick Sharkey, *Stuck in Place: Urban Neighborhoods and the End of Progress Toward Racial Equality* (Chicago: University of Chicago Press, 2013), 3.

20. Ibid., 4–5. Figures are adjusted dollars.

21. Ibid., 114.

22. Ibid., 115.

23. Rick Cohen, "Looking for Saviors in Bankrupt Detroit," Nonprofit Quarterly, August 28, 2014.

24. Tim Alberta, "Is Dan Gilbert Detroit's New Superhero?" *National Journal,* February 27, 2014.

25. I wrote a version of Hood's story in "How Two Billionaires Are Remaking Detroit in Their Flawed Image," *Gawker*, April 29, 2015.

第7章　缙绅化的城市

1. Amy Alexander, "Whither Black San Francisco," *SF Weekly*, February 25, 2015.

2. "Policy Analysis Report," City and County of San Francisco Board of Supervisors, October 27, 2015.

3. "An Equity Profile of the San Francisco Bay Area Region," PolicyLink, April 21, 2015.

4. Tracy Elsen, "The Median Rent for an SF Two-Bedroom Hits $5,000 a Month," Curbed.com, October 9, 2015.

5. Rebecca Solnit and Susan Schwartzenberg, *Hollow City: The Siege of San Francisco and the Crisis of American Urbanism* (New York: Verso Books, 2002), 96–97.

6. "San Francisco's Eviction Crisis 2015," San Francisco Anti-Displacement Coalition, 2015.

7. Ibid.

8. "Development Without Displacement: Resisting Gentrification in the Bay Area," Causa Justa/Just Cause, 2014.

9. Emmanuel Hapsis, "Map: San Francisco Rent Prices Most Expensive in the Nation," KQED, November 3, 2015.

10. Solnit and Schwartzenberg, *Hollow City*, 105.

11. Max Cherney, "'Shrimp Boy' Lawyer Claims Judge Shielded San Francisco Mayor in Corruption Probe," *San Francisco Public Press*, January 26, 2016.

12. John Shutt and Rebecca Bowe, "Three Former Fundraisers for Mayor Ed Lee Charged with Bribery, Money Laundering," KQED, January 22, 2016.

13. Davey Alba, "Prop F Has Failed. But the Battle for SF's Soul Will Go On," *Wired*, November 4, 2015.

14. Joshua Sabatini, "SF's Tech Tax Fails to Make November Ballot," San Francisco Examiner, August 1, 2016.

15. "History of SRO Residential Hotels in San Francisco," Central City SRO Collaborative, accessed September 2016.

16. MissionCreekVideo, "Mission Playground Is Not For Sale," YouTube, uploaded September 25, 2014, https://youtu.be/awPVY1DcupE.

17. Sarah Schulman, *The Gentrification of the Mind: Witness to a Los Imagination* (Berkeley: University of California Press, 2012).

第8章 成长机器

1. Edwin Feulner, "Reagan's Tax-Cutting Legacy," The Heritage Foundation, July 14, 2015.

2. "California to Have $10 Billion Budget Surplus by 2017, Analyst Says," CBS News, November 20, 2013.

3. John Logan and Harvey Molotch, Urban Fortunes: *The Political Economy of Place* (Berkeley: University of California Press, 2007), xv.

4. Ibid., 130–132.

5. Ibid., 112.

6. Friedrich Engels, "The Housing Question," 1872.

7. David Harvey, *Social Justice and the City* (Athens: University of Georgia Press, 1973), 142–143.

8. Solnit and Schwartzenberg, *Hollow City*, 100.

9. Jake Blumgart, "Four Public Housing Lessons the U.S. Could Learn from the Rest of the World," *Next City*, August 26, 2014.

10. Logan and Molotch, *Urban Fortunes*, 148.

11. Ruby Russell, "Berlin Becomes First German City to Make Rent Cap a Reality," *The Guardian*, June 1, 2015.

12. "Public Housing, HUD, Section 8," Housing Rights Committee of San Francisco, www.hrcsf.org/SubHousing/subhsngindex.html.

13. "The State of the Nation's Housing 2013," Joint Center for Housing Studies, Harvard University, 2013.

14. "Voucher Payment Standards and Utility Standards," New York City Housing Authority, accessed September 2016. 16 Cindy Rodriguez, "Public Housing Invites Private Developers," WNYC, June 28, 2016.

15. Cindy Rodriguez, "Public Housing Invites Private Developers," WNYC, June 28, 2016.

第9章　不平等的新地理学

1. Michael Cabanatuan, "Bay Area's Worst Commute Is Westbound I-80," *San Francisco Chronicle*, December 17, 2015.

2. Jane Jacobs, *The Death and Life of Great American Cities* (New York: Vintage, 1992; originally published 1961), 70–71.

3. Elizabeth Kneebone and Alan Berube, *Confronting Suburban Poverty in America* (Harrisonburg, VA: R. R. Donnelley, 2013), 2.

4. Ibid., 17.

5. Ibid., 17–19.

6. Matthew Soursourian, "Suburbanization of Poverty in the Bay Area," Community Development Research Brief, Federal Reserve Bank of San Francisco, January 2012.

7. Kneebone and Berube, *Confronting Suburban Poverty*, 33.

8. Ibid., 60.

9. Kale Williams, "BART Gets Candid in Twitter Exchange with Angry Riders," San Francisco Chronicle, March 17, 2016.

10. Kneebone and Berube, *Confronting Suburban Poverty*, 68.

11. Scott Allard and Benjamin Roth, "Strained Suburbs: The Social Service Challenges of Rising Suburban Poverty," Brookings Institution, October 7, 2010; Bernadette Hanlon, *Once the American Dream* (Philadelphia: Temple University Press, 2010), 133.

12. Bernice Yeung, "Neglected for Decades, Unincorporated Communities Lack Basic Public Services," California Watch, April 6, 2012.

13. Jackson, *Crabgrass Frontier*, 51.

14. Ibid., 51.

15. Maurice Isserman and Michael Kazin, *America Divided: The Civil War of the 1960s* (New York: Oxford University Press, 2003), 12.

16. Dolores Hayden, *Building Suburbia: Green Fields and Urban Growth* (New York: Vintage Books, 2004), 130–131.

17. Robert Caro, *The Power Broker: Robert Moses and the Fall of New York* (New York: Random House, 1974), 952.

18. David Harvey, "The Right to the City," *New Left Review* 53 (September–October 2008).

19. Schulman, *Gentrification of the Mind*, 24–25.

20. Hayden, *Building Suburbia*, 97.

21. Ibid., 148.

22. Ibid., 148.

23. Ibid., 149–151.

24. Sharkey, *Stuck in Place*, 59.

25. Ibid., 60.

26. Jackson, *Crabgrass Frontier*, 294.

27. Ibid., 249.

28. Angie Schmitt, "Drivers Cover Just 41 Percent of U.S. Road Spending," *Streetsblog USA*, January 23, 2013.

29. Jackson, *Crabgrass Frontier*, 155.

30. "Top Spenders," Center for Responsive Politics, 2016.

第10章　挽歌

1. Anemona Hartocollis, "An Enclave of Artists, Reluctant to Leave," *New York Times*, November 21, 2011.

2. Charles Bagli, *Other People's Money* (New York: Penguin Group, 2013), 141.

3. Ronda Kaysen, "Divided by a Windfall: Affordable Housing in New York Sparks Debate," *New York Times*, November 14, 2014.

4. Julie Satow, "Pied-à-Neighborhood: Pieds-à-Terre Owners Dominate Some New York Buildings," *New York Times*, October 24, 2014.

5. Sam Roberts, "Homes Dark and Lifeless, Kept by Out-of-Towners," *New York Times*, July 6, 2011.

6. Kriston Capps, "Why Billionaires Don't Pay Property Taxes in New York," CityLab, May 11, 2015.

7. Jane Jacobs, *The Death and Life of Great American Cities* (New York: Vintage, 1992; originally published 1961), 54.

8. Ibid., 7.

9. Sharon Zukin, Naked City: *The Death and Life of Authentic Urban Places* (Oxford: Oxford University Press, 2011).

10. John Surico, "De Blasio, '84, Eyes NYU 2013," *Gotham Gazette*, May 12, 2014.

11. Sharon Zukin, *Loft Living: Culture and Capital in Urban Change* (Baltimore: Johns Hopkins University Press, 1982), 36.

12. Robert Fitch, *The Assassination of New York* (New York: Verso Books, 1993).

13. "Income Eligibility," New York City Housing Development Corporation, accessed September 2016.

14. Juan Gonzalez, "Unfinished West Side Commercial Development Costs Taxpayers $650 Million," *New York Daily News*, November 19, 2014.

15. Norman Oder, "The Culture of Cheating: Forest City's Inside Track with the MTA," *Atlantic Yards/Pacific Park Report* (blog), September 18, 2012.

16. Rich Calder, "Your Net Loss," *New York Post*, April 14, 2008.

17. "The Proposed Arena at Atlantic Yards: An Analysis of City Fiscal Gains and Losses," Fiscal Brief, New York Independent Budget Office, September 2009.

18. Norman Oder, "Brooklyn BP Markowitz's Atlantic Yards Falsehood," *Huffington Post*, March 7, 2011.

19. Ian Duncan, "Local Hispanic Population Declines," Local East Village, April 8, 2011.

20. Sam Roberts, "Census Estimates Show Another Increase in New York City's Non-Hispanic White Population," *New York Times*, June 30, 2014.

21. Smith, *New Urban Frontier*, 3–6.

22. Justin Wolfers, David Leonhardt, and Kevin Quealy, "1.5 Million Black Men," *New York Times*, April 20, 2015.

23. Josmar Trujillo, "Militarized Policing, Gentrifying City: Doubting NYPD Reforms," *City Limits*, June 3, 2014.

24. Schulman, *Gentrification of the Mind*, 28.

25. Ibid., 51.

26. Zukin, *Loft Living*, 59.

27. Andrea Bernstein, "Rezoning Williamsburg," WNYC, April 26, 2005.

28. Aaron Miguel Cantú, "Anti-Gentrification Protesters vs. Brooklyn Real Estate Summit," *Gothamist*, June 17, 2015.

29. Michelle Higgins, "Priced Out of Brooklyn? Try Manhattan," *New York Times*, May 8, 2015.

30. Drake Baer, "Brooklyn Is Officially the Most Unaffordable Housing Market in America," *Business Insider*, January 30, 2015.

31. David Colon, "Irony Smothered with a Pillow as Forest City Ratner CEO Frets About Brooklyn Losing Its Edge," *Brokelyn*, May 21, 2015.

第11章 纽约不属于人民

1. Bobby Cuza, "City Poll: New Yorkers Worried About Being Priced Out of Their

Homes," NY1.com, February 24, 2016.

2. "Brooklyn Rental Market Report," MNS.com, February 2016.

3. "Election Results," *New York Times*, November 6, 2013.

4. This paragraph is based on Sharon Zukin, *Loft Living: Culture and Capital in Urban Change* (Baltimore: Johns Hopkins University Press, 1982), 38.

5. Fitch, *Assassination*.

6. Neil Smith, *The New Urban Frontier: Gentrification and the Revanchist City* (New York: Routledge, 1996), 21.

7. Zukin, *Loft Living*, 24.

8. Fitch, *Assassination*.

9. Deborah Wallace and Rodrick Wallace, *A Plague on Your Houses: How New York Was Burned Down and National Public Health Crumbled* (New York: Verso Books, 1998), 12.

10. John Logan and Harvey Molotch, *Urban Fortunes: The Political Economy of Place* (Berkeley: University of California Press, 2007), 156.

11. Zukin, *Loft Living*, 22–23.

12. Ibid., 44.

13. Fitch, *Assassination*.

14. Wallace and Wallace, *Plague*, 12.

15. Zukin, *Loft Living*, 27, 42.

16. Ibid., 16.

17. Suleiman Osman, *The Invention of Brownstone Brooklyn* (New York: Oxford University Press, 2011).

18. Zukin, *Loft Living*, 28–29.

19. "New York City's Decline in Manufacturing Gained Momentum in 1980," *New York Times*, March 22, 1981.

20. Jeff Nussbaum, "The Night New York Saved Itself from Bankruptcy," *New Yorker*, October 16, 2015.

21. Sam Roberts, "Infamous 'Drop Dead' Was Never Said by Ford," *New York Times*, December 28, 2006.

22. Matthew Dolan, "Detroit Looks to Re-engineer How City Government Works," *Wall Street Journal*, November 10, 2014.

23. Kim Phillips-Fein, "The Legacy of the 1970s Fiscal Crisis," *The Nation*, April 16, 2013.

24. Zukin, *Loft Living*, 26.

25. Wallace and Wallace, *Plague*, 22.

26. Ibid., 36.

27. Massey and Denton, *American Apartheid*, 159.

28. Wallace and Wallace, *Plague*, 22.

29. Ibid., 67.

30. Ibid., 71.

31. Ibid., 18.

32. Ibid., xvii.

33. Sarah Schulman, *The Gentrification of the Mind: Witness to a Lost Imagination* (Berkeley: University of California Press, 2012), 23.

34. Samuel Delany, *Times Square Red, Times Square Blue* (New York: New York University Press, 1999), 15.

35. Ibid.

第12章 反击

1. Javier David, "NYC Total Property Value Surges over $1 Trillion, Setting a Record," CNBC, January 16, 2016.

2. New York City Population Data, 2010, www.nyc.gov/html/dcp/pdf/census/census2010/t_pl_p2_cd.pdf.

3. Scott Stringer, Comptroller's Office, City of New York, "Mandatory Inclusionary Housing and the East New York Rezoning," December 2, 2015.

4. Aaron Miguel Cantú, "Progressive Gentrification: One Community's Struggle Against Affordable Housing," *Truthout*, February 5, 2015.

5. David Chalian and Rogene Fisher, "Costly Campaigns," ABC News, November 8, 2005.

6. Julian Brash, *Bloomberg's New York: Class and Governance in the Luxury City* (Athens: University of Georgia Press, 2011), 111.

7. Michael Bloomberg, "Mayor Michael Bloomberg's 2003 State of the City Address," *Gotham Gazette*, January 23, 2003.

8. E. J. McMahon, "Pricing the Luxury Product: New York City Taxes Under Mayor Bloomberg," *Empire Center*, November 30, 2005.

9. John Logan and Harvey Molotch, *Urban Fortunes: The Political Economy of Place*

(Berkeley: University of California Press, 2007), xiv.

10. Nathan Tempey, "NYC Evictions Are at Their Lowest in a Decade," *Gothamist*, March 1, 2016.

11. Scott Stringer, Comptroller's Office, City of New York, "The Growing Gap: New York City's Housing Affordability Challenge," April 2014.

12. Chris Smith, "In Conversation: Michael Bloomberg," *New York Magazine*, September 7, 2013.

13. Konrad Putzier, "Real Estate's Love-Hate Relationship with de Blasio," *The Real Deal*, February 1, 2016.

14. "Deputy Mayor for Housing and Economic Development," Official Website of the City of New York, www1.nyc.gov/office-of-the-mayor/alicia-glen.page.

15. Parts of this interview appear in Peter Moskowitz, "Can New York Save Itself from Out-of-Control Rents?" *Vice*, November 8, 2015.

16. Brentin Mock, "There Are No Urban Design Courses on Race and Justice, So We Made Our Own Syllabus," CityLab, May 14, 2015.

17. Jane Jacobs, *The Death and Life of Great American Cities* (New York: Vintage, 1992; originally published 1961), 313.

结语: 许一个不被缙绅化的未来

1. Tom Angotti, *New York for Sale: Community Planning Confronts Global Real Estate* (Boston: Massachusetts Institute of Technology Press, 2008).

2. Michael Grynbaum and Mireya Navarro, "Mayor de Blasio Seeks to Rebuild Momentum for Affordable Housing Plan," *New York Times*, December 10, 2015.

3. "Emergency Price Control Act," *Gale Encyclopedia of U.S. Economic History*, 1999.

4. Leslie Shaffer, "Rents Rise to 'Crazy' Levels: Zillow," CNBC, August 16, 2015.

5. "FDR and Housing Legislation," Franklin D. Roosevelt Presidential Library and Museum, accessed September 2016.

6. Michelle Yun, "Hong Kong Can't Build Public Homes Fast Enough as Demand Soars," Bloomberg News, February 5, 2015.

7. "About NYCHA," New York City Housing Authority, accessed September 2016.

8. Wendell Cox, "World Urban Areas Population and Density: A 2012 Update," *New Geography*, May 3, 2012.

9. "U.S. Federal Individual Income Tax Rates History, 1962–2013," Tax Foundation, October 17, 2013.

10. Julian Brash, *Bloomberg's New York: Class and Governance in the Luxury City* (Athens: University of Georgia Press, 2011), 128.

11. Rebecca Fishbein, "Bushwick Woman Fights Gentrification with Christmas Lights: 'Your Luxury Is Our Displacement,'" *Gothamist*, December 29, 2015.

12. Ibid., 111.

13. Lauren Clark, "One Borough's Rental Prices Are Actually Decreasing," *New York Business Journal*, July 10, 2015.

14. Amy Plitt, "New York City Rents May Finally Let Up in Their Terrifying Ascent," Curbed.com, March 10, 2016.

15. Jennifer Larino, "New Orleans–Area Construction Contracts Drop in May," *Times-Picayune*, June 27, 2014.

16. Georgia Wells, "Silicon Valley Residents Leave for Greener Grass, Cheaper Housing," *Wall Street Journal*, March 3, 2016.

17. Ashley Rodriguez, "Tech Workers Are Increasingly Looking to Leave Silicon Valley," *Quartz*, February 29, 2016.